겨레시인 성재경 여섯 번째 애국시집 영원한 겨레의 스승

도산 안창호

겨레시인 성재경 여섯 번째 애국시집 영원한 겨레의 스승

도산 안창호

성재경 지음

도서출판 **여름**

성재경이 여러분에게

   사람들은 말합니다.
   왜 그렇게 힘든 길을 가느냐고.
   돈도 안 되는 시를 쓰고 팔리지 않는 애국시집을 출간 하느냐고.

   저는 대답합니다.
   내 시는 단순한 애국 시가 아니라고.
   목숨 바쳐 이 나라를 지켜온 순국영웅 독립투사에게 추모의 시를 올리는 것이라고.

   어떤 깨어있는 이들은 말합니다.
   누군가는 꼭 가야할 길이니 흔들리지 말고 내처 가라고.
   신 독립투사, 이 나라의 뜨거운 역사를 잇기 위해 외길 걸음 걷는 이여!

   저의 시를 항일시라고 말하는 사람들이 있지만 정확하게 말씀드리면 극일시 또는 승일시라고 하여야 할 것입니다.
   남과 북은 필히 통일되어 통일대한민국으로 발전

번영할 것이지만 다른 민족은 극복하고 이겨내야 합니다.

 저는 많은 분들에게 약속 했습니다.
 누군가 저처럼 시작하려면 또 혹독한 시련과 고난 심지어 출혈까지도 각오하고 나서야하니 어차피 이 길에 주어버린 인생, 필력이 있는 한 가겠다고 말입니다.

 걸어온 길을 돌아다보니 참 겁 없이 살아왔음을 느낍니다.
 내일에 대한 대책 다시 말하면 예금통장이나 집이나 자동차 심지어 보험증서 한 장도 없이 바람처럼 물결처럼 떠돌며 살아온 날들이 꿈만 같습니다.
 미관말직이긴 하나 20년 근무한 공무원이라는 신분보장이 있었고 아내와 아들 딸 단란한 가정이 있었지만 무슨 귀신에게 붙잡힌 것도 아닌데 출가 아닌 가출로 나그네 길이 깊어져 갔기 때문입니다.

 그 오랜 떠돌이 길에서도 다른 사람들에게 피해를 주지 않고 진실하기 위하여 저는 수도자가 되어야 했고 외롭지만 외로워하지 않고 힘들지만 괴로워하지 않기 위하여 시를 쓰다 잠들고 시를 쓰며 깨어났습니다.

시는 제가 살 수 있는 원동력이었고 소망이며 목표였습니다.
 저에게 시가 없었다면 저는 오래전에 암흑의 나라로 떠나고 지금처럼 별을 노래하지 못했을 것입니다.
 그 열정이랄까 가슴의 간구가 저를 척박한 삶과 대결할 수 있는 힘을 주었고 저는 추락하지 않고 시인의 길을 걸었습니다.
 경험이 공부가 되고 체험이 깨달음이 되어 겨레문학의 단단한 기초가 되었기에 다른 사람은 애국시 한편 쓰기도 어렵다는데 저는 시를 찍어내는 시공장 공장장처럼 매년 한권의 애국시집을 쓰고 있을 것입니다.

 지금도 홀로 식사할 때나 멍하고 청산을 바라보고 있노라면 유랑길에서 만난 사람들이 강물처럼 가슴을 스쳐갑니다.
 더러 저를 슬프게 한 사람들까지도 귀하고 아름답고 다시 만나고픈 사람들입니다.
 그 분들이 있었기에 저는 서정시를 쓰던 유랑시인에서 뜨거운 애국시를 쓰는 겨레시인으로 새로운 문학인생을 꿈꾸게 되었고 고려청자나 조선백자처럼 세월이 흐를수록 빛을 발하는 애국시집을 쓰고 있는 것입니다.

아무도 알아주지 않아도 저를 기억하고 아끼는 길벗들이 있고 저의 시를 눈물로 읽어주는 알토란 독자들이 있는 한 저는 흔들리지 않고 마지막 순간까지 애국 시인의 길을 가겠습니다.

하늘에서 허락한다면 우리를 둘러싸고 있는 강대국으로 우리를 힘들게 했던 나라들이 몇 개씩 받았는데 정작 뛰어난 문학의 역사를 자랑하는 대한민국은 단 한 번도 받지 못한 노벨문학상을 받아서 겨레를 위해 목숨 바친 호국영령들에게 두 손 받들어 올리고 싶습니다

바쁘신 중에도 추천사를 주신 흥사단 박만규 이사장님과 물심양면으로 응원해 주신 유관순애국시단, 겨레시단 하늘, 나의 자녀들 이 책의 출간을 기다리는 사랑하는 사람들 그리고 도서출판 여름 정수연사장님께 깊은 감사를 드립니다.

- 멀고 긴 나그네 길에서 겨레시인 성재경 -

추천사

『도산 안창호 시집』에 부쳐

박 만 규 | 흥사단 이사장

　시인 성재경 님이 도산 안창호 선생을 기리며 쓴 100편의 시를 엮어 시집을 냈다. 읽어 가면서, 깊고 묵직한 울림에 넘치게 감격하였다.
　본래 시인은 남다른 감성을 지닌 분들이다. 그들의 가슴은 따스하며 눈은 항상 맑아 자연과 인생, 심지어 우주와 영원을 있는 그대로 다 꿰뚫어 본다.
　성재경 님은 천생 시인으로 왔다. 시를 향한 타고난 열정을 자신도 거스르지 못해, 험난하고 어려운 여건에도 오로지 그의 시혼이 시키는 대로 시작의 길을 걷고 있다.

　처음에는 주로 서정시를 읊는 유랑시인이더니, 천안 아우내에서 유관순 열사를 시작으로 독립투사와 순국 영웅을 추모하며, 애국 시를 노래하는 겨레 시인으로도 왕성한 활동을 하고 있다.
　그의 가슴 속 용광로에서 안중근 의사, 윤봉길 의

사, 유관순 열사의 거룩한 생애가 달구어져 뜨거운 열기로 뿜어져 나오고, 그의 정갈한 붓을 통해 충무공 이순신, 김좌진, 김구와 김규식의 애국혼이 형형한 빛을 발하였다.

   그의 꿈과 다짐은 창대하다. 민족의 사표로 추앙받는 애국선열 한 분의 삶과 사상을 담은 시집을 해마다 한 권씩을 내겠다 하니, 큰 기대와 함께 경의를 표하지 않을 수 없다.

   2021년에는 도산 안창호이다.
   도산 안창호!
   그는 누구인가?
   육십 평생을 오롯이 애국애족과 평화 세상을 위한 길을 걸은 분이다. 도산은 개화기에 평양 근교에서 농민의 아들로 태어나, 근대 민주공화국인 대한민국을 디자인하고 그 실현을 위해 봉건 잔재를 타파하고 일제의 침략에 대항한 한국독립운동의 혁명 영수였다. 동시에 대한 민족의 주체적 자각을 계몽하면서 자신뿐만 아니라, 나라와 세계의 진정한 주인으로 거듭날 것을 강조하였다.

   도산 안창호에 관한 전기나 평전은 이미 수십 권을 헤아리지만, 성재경 시인처럼 도산의 생애와 사상을 애국혼으로 노래한 100편의 이번 시집은 참으로 이채롭다.

책에 담긴 시마다 제목이 가깝고 친근하게 다가온다. 그러면서 본문을 눈으로 한번 읽고, 입으로 두 번 읊고, 마침내 가슴에 담고 보면 대목마다 핵심을 짚고 정곡을 찌르는 안목에 감탄을 자아낸다.

성재경 시인께서 우리를 대표해 도산 안창호 선생께 진실로 뜻깊은 헌사를 바쳤다. 남녀노소 모든 분께 널리 읽히기를 바라며 적극적으로 추천하는 바이다.

2021년 9월 9일

흥사단 이사장 박만규 삼가 씀

차례

성재경이 여러분에게 / 5
추천사 | **박만규**(흥사단 이사장) / 9

〈서시〉 꽃의 차가움 / 18

도산의 길 / 19
광복절에 안창호를 쓰다 / 22
어느 땅 위에 / 24
연 걸리다 / 26
헌병 새병 / 28
나의 소유 / 30
도롱섬 / 32
실향인 / 34
홀어머니 / 36
꾀돌이 소년 / 38
우물 밖 개구리 / 40
희망 / 42
겨레가 부르거든 / 44

산장에 눈 내리고 / 46

고학생 / 48

백우도(白牛圖) / 50

독립신문 / 52

그 겨울에 목련이 / 54

투혼 / 56

숙명 / 57

슬픈 이랑 / 58

세입자 / 60

안창호가 유관순에게 / 62

서유견문(西遊見聞) / 64

안창호의 설날 / 66

안창호가 안중근에게 / 68

발렌타인데이 / 70

햇살 / 72

천재 / 74

사랑의 표정 / 76

쾌재정 연설 / 78

차례

맨 처음 목표 / 80
아! 필대은(畢大殷) / 82
아버지의 하늘 / 84
점진학교 / 86
그대와의 동행 / 88
햇볕 쬐는 방법 / 90
섬 봉우리 / 92
낡은 재봉틀 / 94
들녘에 서면 / 96
흥사단 깃발 / 98
알사탕 독립사탕 / 100
파리 / 102
배일선언서 / 104
봄밤아리 / 106
상추 / 108
그리움의 호소 / 110
오렌지 농장 일꾼들 / 111
투명인간 / 112

삼형제 아들에게 / 114

꽃씨 / 115

겨울 동지에게 / 116

혜란에게 보내는 편지 / 118

세월의 길 / 119

순국행 / 120

도산 대통령 / 122

국제 나그네 / 124

바람 부는 강가로 / 126

안창호가 윤봉길에게 / 128

김구가 안창호에게 / 130

도산 안창호 평전 / 132

이토와 마주앉아 / 134

도산 산마루 / 136

대성학교 운동회 / 138

오늘 나의 하루도 / 140

웃는 연습 / 142

이상촌 / 144

차례

돌멩이 찬가 / **146**

유언에 부쳐 / **148**

노제 없이 가는 길에 / **150**

부부편지 / **152**

도산공원 / **154**

어머니의 눈물 / **156**

유명한 사람 / **158**

평생 애국 / **160**

정류장에서 / **162**

도산을 노래하리라 / **164**

푸르른 날에는 / **166**

가시 수레바퀴 / **167**

하늘에서 내려온 사람 / **168**

도산의 꿈 / **170**

도돌이표 사랑 / **172**

멀리보기 / **174**

새로운 인사법 / **176**

도산의 터전 위에 / **177**

현재 사랑 / 178
내 삶의 절반쯤은 / 180
당신이 있는 나라 / 182
길 없는 길에서 / 184
하루 꽃 / 185
도산의 마음 / 186
아버지께 올리는 편지 / 188
그리움이 무섭다 / 190
당신의 일부 / 192
도산의 미소 / 193
아들딸들아 애국가자 / 195
은하수 길을 내다 / 197
꽃잎 일기 / 199
빛 나르기 / 201
멈추는 것은 없다 / 203

<서시>

꽃의 차가움

꽃만 보면 호들갑 떨지 마라
스치는 꽃잎이 차가웁다
꽃길 애국도 꽃처럼 차갑다

목숨을 걸어야한다
일생을 바쳐야한다
삶의 모든 것을 던져야한다

도산 안창호가 그랬다
님이 걸은 길은 차가운 꽃길
죽음은 더 차가운 꽃잎 이었다

도산의 길

조국의 하늘에 등불을 매달던 이여
별빛을 점등하는 님의 손길로
오천년 민족의 역사가 깨어납니다
자나 깨나 나라 생각
사나 죽으나 독립 생각

조국에게 목숨 바친 독립삼남매
한 살 아우며 친구였던 안중근
여순 감옥 쓸쓸한 사형장에서 떠나고
사랑스런 누이 영원한 소녀 유관순
서대문형무소 차가운 감옥에서 떠나고
제자며 자식 같았던 윤봉길마저
가나자와 공터 슬픈 총소리로 떠나서
기필코 광복소식 안고 그들을 찾아가
얼싸안고 따스한 위안이 되고 싶었는데
7년 앞 8월을 못보고 떠난 눈물이여

도롱섬에서 경성대학 부속병원 병상까지
나라사랑한 죄로 일본감옥 드나들며
애기애타(愛己愛他) 사랑을 퍼 올리던 두레박은
가시밭길 피 흘리며 걸어온 한 갑자 일생
샌프란시스코에 뿌리던 자유의 꽃씨는
인류가 살고 있는 지구를 돌고 돌아서
중국 러시아를 거쳐 세계를 항해하는
대한민국호 독립선의 선장
상해임시정부 흥사단 민족의 큰 이름
신민회 대성학교 겨레의 큰 스승

선구자는 횃불 한 짐 지고 밤길 걸으셨나니
빼앗긴 나라 캄캄한 세상에
공맹(孔孟)의 도가 무슨 필요 있으랴
깊이 잠든 민족혼을 밀물처럼 일깨워
나라사랑 본보기 영혼사랑 돋보기로
보고 듣고 깨닫고 공부해야한다
우리에게 맞춤형 철학사상 알게 한 이여

도산선생 걸었던 그 거룩한 여정에
무정에서 유정으로 끓어오르던 용광로는
대보산 송태산장 문지방에 걸린 웃음탈
이제 조국하늘 가득 호롱불 밝히고
천만년 이어질 위대한 사랑의 길로
이 나라 칠천만 양떼 휘몰아 가십니다

광복절에 안창호를 쓰다

일흔 여섯 번째 맞는 광복절에
무릎 꿇어 도산 안창호 선생을 썼다
우리에게 광복절을 한 아름 안겨주고는
그 광복절을 못 보고 떠난 슬픔을 썼다

광복을 위해 평생을 바친 선구자
미국 중국 일본을 가리지 않고
수없이 잡혀가던 감옥도 개의치 않고
오직 독립만 바라보고 걸었던 영웅

칠년하고 다섯 달만 더 사셨더라면
태극기 물결 속에서 만세를 불렀을 텐데
일본의 포로 신분으로 떠나시던 눈물
아직 예순 청매화 움트던 삼월 열흘날

국민이 깨어야 산다며 대성학교 세우고
온 정신으로 싸우자며 흥사단 만들어
독립투사들의 존경을 받던 영원한 동지
청빈이 몸에 밴 가난했던 선비여

일본은 종전일 아니라 패전일 항복절
헌데 어찌 전범자 사당에서 망령하는가
무릎 꿇고 지난날을 참회해도 부족한데
욱일기를 들고 설치는 저 인류의 비극

과거는 과거로 끝나지 않고 미래가 되어
피고 지는 세월 광복절은 다가 올 텐데
이제라도 그분처럼 나라위해 달려가자고
피 끓는 가슴 울먹이며 안창호를 썼다

어느 땅 위에

내 60년이 어느 땅 위에 널브러져 있다
지금은 내 몸이 땅보다 부드러운데
조금 지나 숨이 멎고 눈이 감기면
땅보다 딱딱해져 그 속에 잠길 것이다

시력이 나빠졌다고 하지만
아직은 눈을 돌려줄 때가 아니고
머리카락이 부스러지고 빠지긴 하지만
쑥대머리로 떠날 때는 아닌 듯한데
외쳐야할 목소리와 만세 부를 두 팔
광복의 날까지 힘차게 달려야할 다리를
어느 땅 위에 힘없이 내려놓는다

내가 누운 땅은 원래 우리 땅 이었는데
30년 전 분하게 빼앗긴 땅
몇 번씩 나를 감옥에 가두고
몇 개씩 죽을병을 안겨준 일본이
간경화 폐결핵이라고 둘러대며
병보석 이유로 죄수용 치료비도 없이

경성대병원에 버리듯 입원시키고는
옥사 아니라고 끝까지 발뺌 하겠지만
삼천리 모든 땅이 거대한 감옥이거늘
어디서 죽든 옥사가 아니겠는가

나는 한 줌 죽음의 공포가 없다
젖은 땅이라도 조국 품에서 죽고
독립된 땅에 평안히 묻히고 싶다

연 걸리다

큰 소나무에 온 동네 연 걸리듯
독립운동 의거마다 약방의 감초
독립투사 발걸음마다 흘러드는 샛강
그런 사람 있는데 혹 누구인지 아시는가

독립운동 사건마다 그분 이름 들어있고
독립투사 감옥가면 그것도 샘나심인지
연관되어 잡혀가고 풀려나면 또 투옥되고
독립운동 역사마다 끼어들던 팔방미인
감옥 문 열리던 시작부터 심상치 않았다
안중근의사 이토 주살사건으로 체포되고
윤봉길의사 홍커우공원 의거로 구속되어
죽음으로 이어진 병 얻어 떠날 때까지
얼마나 많은 학교와 애국단체 세우고
셀 수 없는 직책과 직위 임무로
평생을 조국독립에 목말라 하셨는데
광복 못 보고 가시는 발길 너무 서러워
마른 강 울며 건넜을 도산 안창호 선생

일본인 법정에서 4년 선고 내렸을 때
30년 독립운동에 겨우 징역 4년이냐고
대장부 투혼으로 일본을 비웃음은
천지사방에 독립운동 연 걸림이었지

헌병 새병

헌병은 어느 나라나 다 있지요
영국에서 시작되어 전 세계로 퍼진
군대경찰 military police 이라 하여
훤칠한 인물과 줄 잡힌 복장
절도 있는 언행이 특징 이지요

그렇지 않은 단 하나의 나라
일본 헌병은 시작부터 수상한 조직
군인도 아니고 경찰도 아닌 사람들
아니 군인이고 경찰인 그들은
민간인을 잡아 죽이는 이상한 군인

대한나라 전 국민을 공격하기 위해
헌병 6,760명 헌병 분대 452개소
헌병대장이 총감부 경무총장을 겸하는
세계 유례가 없는 쪽바리식 조직으로
오른손은 폭력 경찰 왼손은 폭력 헌병

아우내장터 만세현장에도 특파되고
안창호 등 독립운동가 잡는데 일등공신
일본의 식민지화를 위한 군대였는데
지금 자위대에 헌병 존재는 모르겠지만
정신적으로 새병은 어려울 겁니다

나의 소유

나 이제 조국의 품으로 돌아가리라
내가 그토록 갖고 싶었던 나의 조국
조국은 나의 소유인줄 알았는데
내가 조국의 소유 였습니다

돌아보면 내 소유가 없었습니다
심장 간 위장 대장 허파
내 장기들도 소유자가 따로 있었고
팔 다리 눈 코 입 어깨
내 신체의 주인도 따로 있어서
잠시 내가 빌려 살았었는데

내 선조들이 돌아간 조국의 품속
내 동지들을 받아들인 조국에게
사명도 의지도 돌려드릴 때가 와서
병든 몸 눈물로 깨끗이 씻고
조국의 이름 위에 안길 것이지만
가슴 속속들이 부끄러움뿐 입니다

조국을 위해 평생 일본과 싸웠고
연설하고 가르치고 앞장섰어도
내가 한 일은 티끌만도 못하고
남은 한은 서산 먹구름보다 더 커서
조국 광복을 못 보고 떠나는 발길
가시 돋친 저승문턱 지려 밟습니다

도롱섬

내 고향은 평양성 대동강변 봉상도
도롱섬이라 불리는 아름다운 아기 섬
서당에서 돌아오다 얕은 강가 이르면
벌거벗고 뛰어들어 멱 감던 마을
넓적한 조약돌 골라 물수재비 뜨다가도
외양간 소 몰아 쇠꼴 먹이던 추억

순흥 안씨 안향의 후손으로 선산은 동촌
일곱 살 노내미집 어린 셋째를 남겨놓고
아버지는 왜 그리 서둘러 가셨는가
둘째 형도 떠나고 큰 형 치호 누이 신호
숙명적 가난에 시려오는 유년의 꿈
할아버지 국수당에서 천자문 배우다가
노남리 심정리 서당 길 걸은 것은
언젠가 조국을 위해 쓰여 질 기초학문

동네사람들에게 책을 읽어 주었다
홍길동전 춘향전 심청전 토끼전 흥부전
사람들은 내 목소리를 숨 죽여 들었고

떠돌이 방물장수나 평양 장사꾼 얘기는
우물 안 나에게 충격적으로 다가왔다
코쟁이 양놈, 되놈 비단장수, 왜놈 게다짝
가끔씩 무시무시한 세상 이야기도 들었다
제너럴셔먼호, 홍경래 난, 일본인의 수탈
내 고향 강마을 섬마을 시절 이었다

실향인

고향을 떠났다고 실향인은 아니다
내 조국 안에 살고 있으면
억지로 고향을 잃어버리지 않았으면
서툰 눈물짓는 망향인일 뿐이다

지금은 북쪽이 고향인 사람들
지척에 부모형제 두고도 만나지 못하는
통치가 달라서 갈 수 없는 머나먼 곳
눈물도 메마른 그들이 실향민 이지만

한 세기 전 우리 모두 조국을 빼앗긴
침샘마저 갈라지는 실향민 이었다

어떻게 그리 쉽게 나라를 잃을 수 있는가
전쟁에 져서 넘겨준 것도 아니고
빚에 못 견뎌 팔아 치운 것도 아닌데
슬금슬금 배암처럼 기어 올라와
자박자박 오랏줄 조이듯 나랏목 조이고
기회주의자 탐욕자 매국노 앞잡이
선무당 널뛰듯 날뛰었기 때문이었을까

우리 민족에게 흐르는 실향인의 피
그 피를 새롭게 수혈하려 죽어간 선열들
안중근 유관순 윤봉길 김구 김좌진
아 겨레의 스승 안창호와 수많은 분들
실향민을 이끄는 참한 선장들 이었다

홀어머니

어머니 어머니 홀로 되신 어머니
서른 셋 젊은 남편 안흥국씨
중풍병으로 옆에만 있어도 좋았는데
내 나이 일곱 살에 훌쩍 떠나보내고
갓난아기 안신호를 감싸 안은 채
할아버지 사는 국수당에 둥지를 틀고
서러운 눈물 삼키시던 어머니

황몽은 이름 석자 청상과 맞바꾸고
경작할 손바닥 논밭뙈기도 없이
남의 일 허드렛일 바쁘게 돌아쳐도
누이동생 먹일 젖마저 메마른 날
는개비 내리는 밤엔 망부석 되고
소슬바람 대나무밭 댓잎피리로 울던
평양성 밖 대동강변 살던 내 어머니

창호야 가서 빼앗긴 나라 찾아오거라
아들아 어미처럼 무식한 백성들
잘 가르쳐 나라기둥으로 세우거라

미국으로 중국으로 북만주로
임시정부 흥사단 수많은 나의 자리는
등잔불로 아들 키워낸 어머니의 자리
이 나라 독립의 주춧돌 놓던 손길입니다

꾀돌이 소년

당신의 유년은 어떠하신가
도산은 소년 때부터 남달랐다

또래 아이들은 참외서리 할 때마다
한밤중 발가벗고 참외밭에 숨어들었는데
도산은 대낮에 참외주인에게 다가와
무서운 할아버지로부터 숨겨 달라하여
참외밭에 엎드려 참외를 따 먹었다
아하하 박수치며 웃을 이야기 아닌가

사십 리 먼 동네로 시집 간 고모
가기만하면 흰 쌀밥에 맛있는 고깃국
할아버지 무서워 그리움 감추다가
옆집 할머니 내세워 고모집 갔다 전하고
할아버지 화내시면 말고 아니면 진짜 가는
꾀보 꾀쟁이 꾀돌이 안창호 소년

숙제를 해오지 않아 회초리 기다리는
훈장 이석관선생의 넷째 동생 이암
돗자리 말아 감춰주었다가 들키자
함께 매를 맞겠다고 용기 있게 나서며
한껏 의협심을 뽑아내던 소년
무엇이 남달라도 한참 달랐다

평생을 독립에 바친 선생의 유년이
당신의 옛날과 비교되지 않으신가

우물 밖 개구리

나라를 빼앗겼던 우물 안 개구리라면
더 멀리 더 높이 뛰는
우물 밖 개구리로 나라 되찾아야 한다

우리 애국지사들은 그랬다
사방팔방 나라 밖 어디론가 튀어서
단 한 방울 피만 남을 때까지
배우고 가르치고 적들과 싸웠다

독립투사 있는 곳을 용케 찾아다니며
밀고하고 암살하는 뻘건 무당개구리
앞잡이 밀정 매국노도 있었고
위협하면 친일하던 누런 물개구리
비겁자 협조자 이중인격자도 있었지만

청소년이여 미래의 소나무여
기어오르든 튀어오르든 우물을 벗어나
안중근 김구 윤봉길 안창호를 본받아
고독한 선구자로 역사의 길을 가거라

방해자 겁박자를 떨쳐내고
세상을 향하여 우주를 향하여
날개 달린 참 개구리로 솟아오르거라

희망

한 시대 가요계를 대표하던 가수
가황으로 국민적 사랑을 받던 분이
오랜 침묵을 깨고 콘서트를 열었다
입신의 경지에 다다른 완숙함이며
명불허전의 목소리가 감동 그 자체였고
발표된 신곡은 인구에 회자 되었는데
그 노랫말이 내게는 슬픔으로 밀려왔다
어느 철학자의 이름을 제목으로 얹어서
인생의 깊은 이야기를 열창한 가사가
서러운 사람들에게는 위로가 되었겠지만
내가 바라던 희망은 다가오지 않았다
…세상이 왜이래 왜 이렇게 힘들어
사랑은 또 왜 이래…
그 노랫말이 사실일 수 있어도
…세상이 힘들고 사랑이 험해도
견디고 이겨서 이 나라 세워야 해…
그런 희망이 눈물겹게 아쉬웠다

외람되고 건방져도 내가 부르고픈 노래
도산형 창호형 선생님형
감옥에서 병보석으로 풀려나 죽는 순간도
오직 나라만 걱정했던 것은 무엇인가요
이십년만 더 살아서 통일까지 시키고파서
심장이 멎어도 부릅뜬 눈은 무엇인가요

겨레가 부르거든

겨레가 부르면
가던 길 잠시 멈추고 들어보세요
그 음성 속에는
수많은 독립투사의 목소리가 들어있고
촉촉한 눈물의 함성이 묻어있어요

겨레가 그대 부르면
하던 일 잠시 멈추고 돌아보세요
그 탄식 속에는
진정 나라 걱정하는 목소리가 들어있고
행동하는 용기도 담겨있어요

조국을 위해 목숨 바친 분들이
겨레의 부름 받고 달려 나갔듯이
안창호선생도 우레 음성 선명히 듣고
생의 마지막 순간까지
겨레의 손을 놓지 않았지요

이루고 싶은 일 많은 그대여
영웅들의 전설을 앞서가진 못해도
삶속에서 늘 겨레 잊지 말고
우리를 위해 죽어간 선열들도 잊지 말고
겨레의 음성 가슴에 보듬어요

산장에 눈 내리고

사담마을 시란산장에서 흰 눈을 쓸며
대보산 송태산장 도산선생을 생각 한다

윤봉길 의거에 직접 개입하지 않았는데
생트집으로 상해 일본경찰에 잡혀
조국에 끌려와 4년 형 받고 대전감옥에서
옥고를 치르고 풀려나 찾아든 산장

나도 정처 없이 무한궤도를 떠돌며
봄에 정착한 마을 속 깊은 산장
어떤 인연 있어 인생의 여장을 풀려했는데
도산선생께서 동우회사건으로 또 붙잡혀
흥사단 동지들과 다시 감옥에 가셨듯이
새봄 전에 어딘가로 떠나야할 나의 운명

대빗자루 가득 눈을 쓸어 부친다
도산선생은 평생을 독립에 바친 독립쟁이
나는 그 독립쟁이들을 그리워하는 글쟁이
어디로 가고 어떻게 사는 것이 중요한가
무엇을 하며 무엇을 위해 사는지가 중요한가

대보산 송태산장에 눈 내리면
눈길 쓸어 길 내줄 시자라도 있었을까
송태산장 시절 3년 뒤 독립도 못보고
별들의 나라로 떠났던 도산선생처럼
내가 시란산장을 떠나 나그네로 떠돌다
그리움 찾아 은하길 걷는 날은 언제인가

고학생

오늘도 힘든 마음의 노동으로 산다
대동강변 작은 마을에서 숨어든 고학생
구제학당 기숙사를 떠나지 못하고
동지 같은 선배 필대운과 토론하며
구겨져가는 역사를 펴 보고 싶었던 소년

가난한 삶은 숨소리도 거칠다
밤하늘 별을 우러러도 배가 고프고
한양성 먼 길을 걸을 때도 허기졌지만
젊은 도산 안창호를 불태우던 이상
배움의 열정은 가슴을 뜨겁게 했다

누구나 고단은 꿈의 뿔을 세운다
어렵게 배우고 힘들게 익힌 업적을
겨레와 민족을 위해 사용하느냐
자기 사리사욕을 채우는데 쓰느냐는
샘물과 하숫물 차이가 아니겠는가

동포들의 무지에 깨우침을 던지고
마지막 삶의 한 조각마저 조국에 바친
절대의지 절대용기는
가난한 고학생의 시린 골목길
대한나라 영원한 스승의 길 이었다

백우도(白牛圖)

흰 소 그림을 보면 안창호 생각이 난다
겨울나무처럼 떨고 있는 하얀 소
많은 무리로 어울리는 붉은 소나
얼룩배기 얼룩소 검은 줄무늬 칡소는
겨울 햇살을 즐길 여유가 있는데
희귀종처럼 홀로 떠도는 고독
마른 초원을 가로질러 냇가에 이르면
허공 한 모금 물 한 모금 백우여
순한 눈망울에 번지는 유랑의 날들
어딜 가면 빼앗긴 나라 찾을 수 있을까

놀아 보자 놀아 보자 하얀 신선 어깨에
흰옷 입은 사람들 태우고 놀아 보자

하늘에서 보면 땅에 소떼 그림 한 폭
화선지 벗어나 오대양 육대주 달리는
독립에 목이 꺾인 소
내 나라 없으면 다디단 풀 맛도 쓰다
강물의 노래가 칭얼거림으로 들려오면
태극기는 찢어진 옷 속에서 울었다
도산 소 안창호 소 하얀 소
광복이 오는 소리에 평생 귀 기울이다
독립의 끝자락 못보고 떠나던 날
눈이 먼다 하얀 가슴 쇠눈이 먼다

독립신문

어두운 세상에 한줄기 빛 이었다
독한 슬픔에 움켜 쥔 막걸리 주전자처럼
더러 소화불량에 씻겨 내리는 밥풀처럼
이천만 동포의 가슴을 파고들던 신문지

1896.4.7일 순 한글로 태어난 고고성은
창간호 300부에서 곧 3000부를 넘었고
국왕에서 학생까지 수만 명 열독자는
국권과 민권 자주독립의 씨앗을 싹틔웠다

갑신정변으로 3족이 멸문의 화를 입고
미국 망명길 눈물 뿌린 서재필박사
11년 동안 체험한 신학문과 문명을 안고
고국에 돌아와 귀한 독립신문을 창간했다

청년 안창호도 활자 속에서 빛을 보았다
황성신문과 제국신문까지 섭렵하며
조국이 처한 벼랑 끝 위태함을 느꼈고
열강들의 숨 막히는 문어발 경쟁도 알았다

지금도 우리에겐 독립신문이 필요하다
안창호처럼 수많은 젊은이가 바로 알고
역사의 길을 흔들림 없이 갈 수 있도록
눈 뜨고 심장 뜨거운 신문이 있어야 한다

그 겨울에 목련이

그 무섭게 추운 겨울에도
목련은 꽃망울을 틔우고 있었다

새도 되고 나비도 되어
햇살의 하늘을 비상하는 꿈

삭풍이 가지를 뒤흔들고
눈덩이가 겹겹히 둘러 쳐도
미인의 눈두덩처럼 매끄러운
하얀 꽃잎 고운 향기 키우며
세상의 나무와 뜨락과 담장을 향하여
추위에 웅크린 가난한 사람을 위하여
푸른 생명의 봄을 만들고 있었다

나라를 잃은 계절은 여름도 겨울
목련 같은 이들이 희망을 틔웠다

독립이 되고 광복이 되어
자유의 바다를 유영하는 꿈

총칼이 목숨을 위협하고
매국노 밀정 앞잡이가 들끓어도
메마른 광야에서 외치는 소리
혼 불 놓아 갈대를 태우며
언젠가 돌아올 조국을 향하여
쓰러져 가는 동지들 눈물을 위하여
겨레의 따순 봄을 만들고 있었다

투혼

무너지지 말자 오늘만큼은
물러서지 말자 내일이 올 때까지는

악한 일들은 오래 가지 못 한다
침략은 언제까지나 계속되지 못 한다

어린아이부터 가르쳐야 한다
청년들도 올바로 배워야 한다
어른들은 새롭게 알아야 한다
노인들도 다시 깨달아야 한다

오늘은 비록 어둠속에서 살지만
내일은 밝은 세상에서 살도록
머리끈 질끈 동여맨 투혼으로 가자

숙명

좋은 일도 어려움도 숙명이지만
나쁜 것도 숙명이다
평생 거짓이나 말하다가 죽는 사기꾼
남의 것을 훔치기만 하다가 죽는 도둑놈
맨날 싸움만 하다가 죽는 무뢰한
그런데 더 기막힌 숙명이 있다
죽을 때까지 독립운동만 하던 안창호 선생
그 딱함은 훌륭하게 봐줄만 하지만
절대로 못 봐줄 꼴불견 있는데
허구헌날 침략만 하다가 죽는 일본인

내게도 나쁜 숙명이 있다
사랑에게서 도망치는 것은 그렇다 치더라도
(사실은 대부분 버림받았지만)
죽을 때까지 안 읽히는 시만 쓰는 시쟁이

슬픈 이랑

누가 내 가슴을 경작해다오
내 가슴 밭은 슬픈 눈물 밭
알곡은 빼앗기고 쭉정이만 남은 이랑
우리 찰진 씨앗은 보이지 않고
그 칠칠한 식량과 채소는 어디가고
독초가 자리한 몹쓸 밭이 되었구나

양심이란 깨알만큼도 없는
바다 건너 후지산 아래 치한들아
다디단 조선무는 무청조차 없어지고
왜무만 삐죽삐죽 그림자 길게 올라와서
남지무 긴무 단무지무로 불리며
조선팔도 무성하게 뒤덮고 있지만
푸른색 맛있게 감싼 조선무만 하겠느냐

밭이랑으로 흘러가는 민족의 자존심
청년 도산의 가슴 이랑으로 파고드는
아 민족을 위해 그냥 있으면 안 되겠구나
내가 먼저 잘 배우고 옳게 깨달아
동포들 삶의 이랑에 심어야 하는구나
젊은 안창호는 그렇게 나라를 걱정하는
커다란 이상을 경작하기 시작했다

세입자

내가 왜 너희들의 세입자냐
잘못된 계약서를 들고 와서
내 살던 집 대한민국을 점령하고
월세처럼 마구 거두어가는 너
보물도 곡식도 금붙이도 다 가져가고
소나무 잘라서 송진 훔쳐간 일인들이여
도둑은 집주인 행세하지 마라
내 나라를 고스란히 돌려주란 말이다

너희들이 피 묻은 총칼과 함께 내민
매국노들이 제멋대로 날인한 계약서는
우리 백성들이 일체 동의하지 않았고
이천만 동포가 인정할 수 없는 무효
세입자와 집주인 사이엔 법도가 있어서
꼭 맞는 경계와 넘볼 수 없는 보장
그렇게 서로에게 이익이 되는 것이거늘
너희들은 예의 없는 침략자일 뿐이다

만약 우리가 너희에게 그리했다면
너희 야만의 습성은 스스로 참지 못하여
폭죽처럼 터져버리지 않았겠느냐
대한민국 양반의 나라 선비의 사람들도
참지 않고 밀물처럼 밀려들 것이다
안창호처럼 순한 소년도 주먹을 쥐고
도둑을 몰아내기 위해 비상할 것이다

안창호가 유관순에게

누이여 어리고 고운 누이여
이화학당을 다니던 그대보다
이십년 먼저 구세학당을 다니던 나는
어느 날 독립문 정초식을 보게 되었다오
사대주의를 걷어내고 자주독립을 보았지

탑골공원 아 파고다공원에서
젊은이들이 부르짖는 대한독립만세소리
민족대표들은 요리집에서 맥없이 잡혀가고
뜨거운 독립선언서 허공에 뿌려대며
독립의 문고리를 되우 잡아당기던
그 함성을 누이는 영혼 속에 새겼지

한 달 뒤 돌아온 고향 아우내장터에서
쓰러진 부모님을 지나 목메이게 외치던
대한독립만세 그 숨 막혀 오는 파열음
마지막으로 푸른 하늘을 올려다보며
긴 감옥의 고문과 죽음을 줍던 누이여

내 인생의 중간쯤 18년을 살았지만
내가 심히 부끄러울 만큼 용감했고
내가 영웅이라 우러를 만큼 정의로웠던
열여덟 꽃다운 나이에 죽은 누이여
이 나라가 존재하는 그날까지
역사가 흘러가는 그날까지 추모되리라

서유견문(西遊見聞)

넓은 세상을 보면 마음까지 넓어지는데
젊은 안창호가 변화 받았던 서유견문
유길준선생 초본은 고종임금께 바치고
국한문 혼용체로 서술하여
학교 교재로 사용되던 개화사상 지침서

예나 지금이나 제대로 배워야 한다
주자학에 목을 매고 살아가던
이 땅의 청년학도와 사대부 고위 관료들
정수리에 벼락을 때리듯 큰 울림이었고
서양 문물과 제도를 담은 백과사전

배워야 산다
가르쳐야 산다
깨우치지 못하면 빼앗긴 나라
영원히 찾을 수 없을지도 모른다
도산의 가슴속 언어였을 것이다

그렇다 누군가는 먼저 가야한다
서유견문에 기록된 열강들의 앞섬처럼
조국 독립을 위해 먼저 일어선 선구자들
이젠 우리가 서유견문 주역이 되어
영웅들의 뒤를 바짝 따라야 한다

안창호의 설날

설날 갈 곳 없는 사람은
차라리 설이 없었으면 좋겠다
앞집 뒷집에서 고기 굽고 전 부치고
떡이며 식혜에 유과 정과 다식
기름진 음식냄새가 허공에 떠다니는데
오고 갈 이도 없는 외로움은
세배 나누던 추억까지 잊어버렸다

타향이나 일본감옥에서 맞이하던 설날
고국과 고향 동지들이 더욱 그리워
하얗게 감겨오는 쇠고기떡국의 입맛은
언제 다시 맛볼 설날의 미각인가
늘 차례를 올릴 처지가 못 되었기에
나 죽으면 차례상 차려줄 그 누가 있을까

그래서 건강한 나라가 필요하다
함께 시끌짝 놀아줄 사람도 필요하고
차례상이든 추도식이든 예를 갖춰서
먼저 떠난 선조를 기억함도 절실한데
나는 평생을 독립을 위해 떠돌아
설날이 되어도 술 한 잔 부을 일 없어
설이와도 내겐 설날이 없는 것이다

안창호가 안중근에게

내가 한해 먼저 태어나긴 했지만
그대가 먼저 가셨기에 선배입니다

대동강변에 살았던 추억도 비슷하고
안씨 성으로 행세한 것도 같은 운명
독립을 위해 삶을 져버린 것도 같지만
죽음의 앞뒤가 조금 달랐습니다

투혼의 전선에서 숙적 이토를 쏘고
죽어가는 히로부미를 보면서 외쳤던
꼬레아 우라 그 함성 얼마나 멋졌습니까
박하사탕 보다도 더 달진 않았는지요

차가운 여순감옥에서 6개월 동안 집필한
안응칠역사 동양평화론도 중요하지만
국보급 붓글씨 이백여 점의 흩어짐
일본인 형무관도 존경해서 울었다지요

여순감옥 형장의 꽃송이로 떠나신 뒤에
아무래도 찾을 수 없는 시신이
우리에게 그 일을 잊지 말라는 큰 뜻
대한사람에게 일일이 가르치겠습니다

따라 죽지 못한 것은 광복 때문 이었는데
광복도 못본 후배가 되었습니다

발렌타인데이

그런 날은 없어져야 한다
그게 어려우면 날짜를 바꿔야 한다
삼백육십오일 중에서 하필이면 2월 14일
그날이 무슨 날인지 아는가

우리나라 침략의 원흉 이토 히로부미
러시아와 동청철도를 협약하기만 하면
영구히 한국을 지배할 야심에
하얼빈역 안중근의 단총이 불을 뿜었다
명중 명중 명중 지구에서 사라져라
그렇게 1909년은 비장하게 흘러가고

1910년 말도 안 되는 일본식법정에서
따앙 따앙 따앙 사형선고 망치소리
우리 영웅 안중근 사형이 선고되는 소리
그날이 두려운 일본 사람이
달콤한 초콜릿데이를 만들었다
영원히 영원히 혼까지 묻어버리려고
악마의 유혹일을 만들었다

슬픈 전설의 수도사 발렌티노여
로마 황제의 금혼령을 어기고
사랑에 빠진 남녀를 결혼시켜 사형당한
그 아픔이 어찌 일본의 상술로 갔는가
원뜻과 아무 상관없는 일본인의 간계
나라 구한 성인을 기억하는 날로 바꾸자

햇살

햇살은
어떤 사람에게 가면 축복이 되고
어떤 사람에게 가면 생활이 되고
어떤 사람에겐 남고 노는 귀찮음 이지만
그에게 가면 바로 소망이 된다
그가 살던 시절은
온 나라가 커다란 감옥이었고
집들도 학교도 관공서도 감방이었다
햇살은 따스해서 좋다
햇살은 밝아서 좋다
햇살은 참으로 공평해서 좋지만
왜인들은 사람들에게서 햇살을 가두고
찬란함을 쪼개고 부러뜨려서
따스함도 밝음도 없는 어두운 세상
박쥐들의 세상을 만들어 버렸다
그가 살던 세상은 햇살마저 속박되어
나라도 어둡고 그의 주변도 어두워서
감옥을 자기 집 드나들 듯 했지만
그분처럼 살아가던 나에게

들녘의 햇살 같은 목소리가 들려졌을 때
음치 박치인 노래가 흥얼거려지고
잃어버린 묵은 춤도 어깨쭉지에 걸려서
아 이제는 사랑을 생각해도 될것 같은
도산처럼 나도 햇살이 소망 되었다

천재

내가 도산선생에게서 느끼는 것은
독립운동의 천재라는 것이었는데
쓸쓸한 그분 죽음을 보면서
끝없이 노력한 인재였음이 알아졌다

도산선생은 누구보다도 노력형 독립운동가
학교를 만들어 청소년 정신세계를 열고
임시정부에선 통합을 위해 애쓰셨고
흥사단을 조직하여 직접 결사를 감행하여
끝없는 열정을 불태우지 않았는가

사람들이 나를 천재시인이라 하지만
그것은 뭘 모르는 말씀이다
내가 얼마나 멍 때리는 시간이 많은지
깊은 밤 얼마나 뒤척였는지 안다면
내가 심각한 멍텅구리 시인인걸 알 것이다

나는 내 감성을 주체하지 못했다
시에서도 사랑에서도 인생에서도
다른 사람은 다 아는 상식적인 것에서
끝임 없이 훌훌 벗어나고 싶었다

내가 도산선생 시대에 살았더라도
나는 결코 그분을 따라잡지 못했을 것은
나는 여전히 내 감정에 도취해서
울먹이는 시나 적고 있었을 것이다

사랑의 표정

시작하기도 전에 가슴이 아려오는 것이
사랑입니다
다 주고 싶은데 막상 줄 것이 없고
한없이 받고만 싶은데
욕심만큼 받을 수 없는 것이 사랑입니다
그 사람이 날 사랑한다고 생각하면
없던 힘도 솟아나고
그가 날 사랑하지 않는다고 생각하면
온 몸에 맥이 풀려오는 것이 사랑입니다
사랑할 때는 하늘의 별도 따다주고
심장도 꺼내어 기꺼이 드리고 싶은데
사랑이 식으면 주었던 반지도 도로 뺏고
같은 길도 어긋나고 싶음이 사랑입니다

그러나 나라사랑은 그렇지 않습니다
무조건 주고 안 받아도 주고 그냥 막 주는
한강에 바가지로 물 퍼붓기 입니다
목숨도 인생도 행복마저도
다 바쳐도 모자라는 것이 나라입니다
배신당하고 철저히 내팽개쳐져도
울지 않는 외골수 사랑이 조국입니다

사람과 사랑하면 눈물조차 싱겁지만
나라와 사랑하면 웃음조차 짜디 짭니다

쾌재정 연설

같은 말을 웅변으로 하면 연설이 된다
그것은 고도의 능력이 필요한 기술로
일만 명 사람이 모인 자리에서
일목요연하고 마지막 정점엔 사자후
민중을 감동시켜 마음을 움직여야 한다

도산의 쾌재정과 만민공동회 연설은
무명의 청년을 떠오르는 별로 만들었다
가슴에 조국의 무한사랑을 품고
철저한 준비와 내재된 잠재력을 끌어올려
사람들 가슴에 강물이 흐르게 하던 기법

어렸을 때 한번 씩은 웅변을 했을 것이다
밤잠을 안자고 원고를 몽땅 외워서
학생들 앞 높은 단상에 올라가
하늘로 손을 뻗어가며 외치던 웅변의 추억
얼굴마저 붉은 태양처럼 타올랐었는데

자기의 목소리에 꿈과 신념을 싣고
가슴을 열어 제낀 일들이 얼마나 있었는가
몇 사람에게 짧은 자기표현조차 쩔쩔매던
우리의 어설픈 일상에 비교한다면
안창호 평생 연설은 참으로 위대했다

맨 처음 목표

맨 처음 목표가 인생을 결정 한다
뚜렷한 목표 없이 살아온 사람들은
인생의 과정도 결과도 희미하다

안창호의 첫 목표는 구국운동 이었다
배움조차도 조국을 위해 배웠고
힘든 노동도 오직 민족을 위해서 였다

아내는 도산을 말없이 도왔다
아니 한술 더 떠서 거친 일을 해가며
빼앗긴 나라 위해 팔을 걷어붙였다

내 인생 맨 처음 목표는 시였다
원 없이 글을 쓰고 싶어 집을 떠났고
혼자 떠도는 영원한 나그네가 되었다

요즘 젊은이들은 뚜렷한 목표가 없다
돈 벌어 집 사고 차 사는 것이 전부고
진솔한 사랑을 위한 고뇌도 포기했다

도산 안창호 선생 다시 살아와야 한다
죽어버린 꿈 메마른 목표의 청년들에게
조국과 푸른 미래를 심어줘야 한다

아! 필대은(畢大殷)

웃는다 죽는다 잘가라
그동안 간병도 아무 소용없이
바람처럼 부서지는 손으로 내 손을 잡고
잘 자란 나무뿌리 뽑히듯
깊은 우물 흔적 없이 메워지듯
아! 필대은
형이고 동지며 스승이었던 사람
진정 뜨거운 구국운동 애국투사여

쾌재정 및 만민공동회
수많은 관중과 평양감사 앞에서
비온 뒤 강물처럼 넘쳐나던 사자후로
내 연설의 첫 대문을 열고
만민의 가슴을 감동으로 채워가던 선구자

울다가 죽는다 잘가라
피어날 듯 피어날 듯 꽃봉오리처럼
새봄 냇가에 터지는 버들강아지처럼
너무 어려 꺾기가 겁나는 꽃을
하늘은 어찌 그리 쉽게 꺾을 수 있나
선배고 친구며 보호자 였던 사람
내가 나랏일 좀 해놓고 따라가려니

웃다가 죽는다 잘가라
울다가 죽는다 잘가라

아버지의 하늘

내게 아버지만 계셨더라도
그렇게 서럽지만은 않았을 텐데

할아버지아버지가 겁나고 무서워
일곱 살 때 돌아가신 아버지가 그리워

외톨이처럼 자라난 어린 시절
아버지 곁에선 행복했을 텐데
내게 하늘같은 아버지는 없었다
그래서 언제나 구멍 뚫린 하늘
어머니아버지나 형님아버지로는
하늘 못 막아 둥둥 떠다니던 저 하늘

철부지 여동생 안신호는
인연이 닿을 듯 닿지 않은 김구선생 연인
언젠가 늙은 나이로 재회할 수 있을까
아버지 계셨으면 좋은 인연 됐을지도 몰라
모두가 남들 다 있는 아버지 없는 탓
모두가 다 막힌 하늘이 뻥 뚫린 탓

내가 아버지 됐어도 나라 위해 떠돌아
시리게 뚫렸을 내 아이들의 하늘

점진학교

학교는 무기다
안창호가 세운 학교 이름 점진학교
계몽학교가 불타서 신축할 때 바꾼 이름
1898년 관서 지방 최초의 사립학교
점진은 천천히 나아가자가 아닌
나날이 조금씩 꾸준히 나아가자는 뜻
점진 점진 점진 기쁜 마음 기쁜 노래
신학문을 배우고 민중을 일깨우자

지금도 우리에게 점진학교가 필요하다
진학과 출세를 위해 마구 쏟아 붓는
사람은 뒷전이고 목적만을 위하는 학교들
그 맹수들의 학교를 주저앉히는
풀밭에 사슴들의 학교가 필요하다

학교는 미래다
사닥다리 오르듯 계단을 밟듯
각자의 재능과 취향을 살려서
한 사람의 낙오자도 없이
제자리를 찾아 마침내 꿈을 이루고
하늘의 촘촘한 별자리를 만드는 것이다
기쁜 점진 학교를 다시 세우는 것이다

그대와의 동행

당신과 동행 하렵니다
평생을 기꺼이 함께 하렵니다
믿어 주십시오
당신 곁엔 늘 혜련이 있다는 것을요
당신이 날 떼어놓고 미국으로 가려할 때
막무가내로 매달리던 나를 기억 하시나요
떠나기 전날 제중원에서 밀러목사 주례로
영화처럼 극적으로 결혼하고
일본에서 몽골라이 호로 바꿔 타고는
하와이를 거쳐 센프란시스코에 이를 적에
나의 신혼은 배 멀미와 두려운 파도
그래도 악착같이 당신과 동행 하렵니다

당신 없으면 난 아무것도 아니라고
늘 다짐함을 믿어 주십시오
나는 선교사집 허드렛일 식모살이
당신은 험한 거리 막노동꾼 이면서도
한인들의 권익과 단결 이익을 위해
협회를 조직하고 공감대를 만들어서
동포들이 잘 살아 독립의 밀사가 되고
민족의 자존심 소망의 씨앗으로 키우려
불철주야 뛰어다니는 당신의 발이 되어
당신과 영원히 동행 하렵니다
사랑을 넘어 시련 고난과 동행 하렵니다

햇볕 쬐는 방법

잠시라도 감옥에 다녀왔거나
한번 쯤 감옥생활 영화를 보았거나
감옥을 상상해 본 사람은 알 것이다

주어진 짧은 시간 햇볕을 고마워하며
각자 다른 방법으로 햇볕을 담아가지만
어둠으로 들어서는 순간 풀려나와서
햇볕은 반짝이는 거리로 돌아가고

안창호는 등 뒤로 햇볕을 쪼였을 것이다
조국이 캄캄한 어둠에 시달리기에
정면으로 햇볕을 받기가 괜히 송구해서
가려운 뒤통수와 곰팡이 피는 등짝에
감옥의 햇볕을 순식간 가두었을 것이다

햇살만세 하다가 대한독립만세
뜨락만세 하다가 또 대한독립만세
도산공원 무덤에 햇볕 따갑게 내리 쬐면
평생을 어둠속에서 햇볕을 기다리던
한 사나이의 일생이 영웅으로 감겨 올 때

남아돌아 맨 날 놀고 있는 햇살이라고
자꾸만 그늘을 찾아들지 말고
가슴이 따끈해 질 때까지 서 있을 일이다
햇볕을 감사하며 도산을 체험해 볼 일이다

섬 봉우리

태평양 그 하늘같은 바다에서
일엽편주 나뭇잎 한장 같던 큰 배
미국행 몽골리아 호에서 바라본 육지
반갑고 살 것만 같은 산봉우리
내 고향 도봉과 같은 저 산봉우리
아 저것이다 평생 나와 함께 할 영혼
안창호는 도산- 섬봉우리를 껴안았다
민족의 고난 속 기다림과 만남
도산은 지친 사람들에게 희망이 되고
자신 스스로 용기가 되는 이름 이었다

안창호 앞에는 늘 도산이 붙었다
그의 섬은 사랑하는 백성을 담는 그릇
그의 산은 배우는 이들이 바라보는 푯대
그의 섬봉우리는 타오르는 겨레의 불꽃
사랑도 그리움도 견디는 높은 경지로
이상을 하늘에 전하는 사닥다리
하늘의 뜻을 겸허히 받는 탑
독립을 위해 흐르는 전기 같은 것으로
안창호가 도산이고 도산이 안창호 였다

섬 섬 섬
산 산 산
도산 도산 도산

낡은 재봉틀

필립 필선 필영 수산 수라 아이들아
오렌지 농장 하루 힘든 노동이 끝나면
탈탈거리는 재봉틀에 발을 짚고 앉아
흥사단 깃발이며 일감들을 누벼간단다

재봉틀로 꿰매는 것이 옷감뿐이더냐
독립에 목이 마른 내 조국도 꿰매고
먼 나라를 떠도는 네 아버지 그리움도
독립을 위해 보태야하는 내 인생도 꿰맨다

미국은 그래도 문명과 자유가 있어
낡은 재봉틀이나마 빠르게 박아가지만
조국엔 남편을 독립투사로 내준 여인들은
물레 틀에 앉아 길쌈을 한다는구나

삯바느질로 손가락 물집이 굳어지고
박달나무 다듬이질로 팔목이 휘어지고
숯 다리미질로 얼굴부터 데인 상처
그렇게 야속한 그리움의 밤을 지새 나 본데

어서 광복이 와야 하지 않겠느냐
방직공장 자동기계가 쉬지 않고 돌아가고
천사 날개 같은 옷감들이 쏟아져 나오는
옷의 꽃밭 세상이 속히 와야 하지 않겠느냐

들녘에 서면

들녘에 서면
그대가 앞서 나가네
들꽃 옷을 입고 저만치 가네
몸은 빼앗겼어도
마음은 그대로인 나의 사랑아

메뚜기 방아깨비 때때기
그대 발길에 날아오르고
자운영 개별꽃 노루오줌 뱀딸기
풀밭에서 머리 흔들며 나오면
긴 머리 풀어 날리는 나의 사랑아

구름은 머리 위에서 공연을 하고
바람은 옷깃을 끌며 연주 하는데
햇살의 들녘으로 소리 없이 감겨오다
아름답던 그대 자취 맥없이 사라져
목소리만 남겨놓고 떠난 나의 사랑아

언젠가 다시 돌아오리
풀잎 목도리 두르고 웃으며 돌아오리
목놓아 울부짖는 들녘으로
태극 깃발 흔들면서 나타나리라
꿈에도 잊지 못하는 나의 사랑아

흥사단 깃발

날아 올라라 기러기야
솟아 올라라 선비들아

기러기는 먼 길을 홀로 날지 않는다
선비는 옳은 길을 홀로 가지 않는다

황 홍 백 청 깃발의 색깔은
무실 역행 충의 용감 깊은 뜻

일단 날아오르면 하늘 질서 잡는
기러기는 아 무리지어 나는 기러기는
단단히 흩어짐 없는 어깨동무 단결
바르고 옳은 도리 정의
최고로 자기를 낮추어 절하는 돈수

한번 짝을 맺으면 죽어도 변치 않는
기러기는 아 사랑의 노래 기러기는
안내자가 있어 도산선생 같은 안내자
대열을 바꾸고 형태 접어도 같은 무리

떠나가면 꼭 다시 돌아오는
기러기는 아 기러기 아빠 기러기는
빼앗긴 나라 찾으러 떠나는 영웅들
독립의 날이여 오라 흥사단 깃발로

알사탕 독립사탕

알사탕 하나가 들어왔다
천천히 녹여먹어야 하는데
콱 깨물어 이빨들이 춤을 추다가
곧 산산이 해체되어 가루만 남는다

독립사탕 한 개가 들어왔다
마음만 바쁘고 생각만 깊은데
단맛이 없으면 이미 사탕이 아니다
뱉을 수도 없는 쓴맛이 퍼진다

맛있는 알사탕 하나가 들어왔다
아껴서 빨아먹어야 하는데
한계에 다다른 인내심과 평상심
그냥 형체도 없이 부서진다

씁쓸한 독립사탕 한 개가 들어왔다
먹을 사이도 없이 죽기 바빴던 사람들
독립이 아니면 그렇게 죽지 않았을 텐데
사탕이 아니라 사약을 받았던 것일까

알사탕은 눈깔사탕보다 작아서 좋고
들어있는 내용이 맛있어 즐겨먹지만
독립사탕은 맛없어 빨리 삼켜지게 되고
독립투사는 짧은 명줄로 떠나갔다

파리

감방으로 파리 한마리가 들어왔다
무엇을 그리 잘못 했는지
여기저기 옮겨 다니며 연신 빌고 있다
비나이다 비나이다 죽을 죄 비나이다
두 손을 싹싹 비벼대며 빌고만 있다
빌기는 왜인들이 빌어야 하는데
하찮은 먹이 노리는 네가 왜 비느냐
너 역시 어떤 속셈이 있어 그렇겠지만
반성은 느껴지지 않고 교활만 보여서
한대 때려줄 양으로 팔을 휘두른다

빌어야 할 사람은 정작 나 안창호다
독립운동 한다고 평생 떠돌았고
학교도 짓고 투쟁 단체도 만들었지만
내 나이 예순 마른강이 다가오고
아직도 독립은 겨울나무처럼 빈약하여
사랑하는 사람들도 너무 멀리 있는데
겨우 하는 일이 감옥에 갇히는 일이구나

우리는 평생 큰일을 도모해야 한다
용서 받을 일 빌어야 할 일도 없이
가슴에 품은 큰 뜻 찾아나서야 한다
파리처럼 평생 빌다가 죽어도 안 되고
왜인처럼 평생 괴롭히다 죽어도 안 되고
밝고 환한 해 안고 살아야 한다

배일선언서

별 이상한 선언서도 다 있다
독립선언서도 아니고 배일선언서라니
얼마나 일본이 잔혹했으면 그랬을까
중국과 러시아까지 넘어뜨리고
아시아를 점령할 준비를 서두르는데
도산 안창호 미국에서 공립협회를 통해
당당하게 선언한 배일선언서

스물두 살에 떠나서 스물일곱
오년 간 매일 새로움과 만나던 미국생활
동지들은 남겨두고 혼자 떠나는 마음
평생을 독립에 바치겠노라 굳은 맹세는
태평양을 다시 건너는 험한 여행길
어떡하든 일본의 마수에서 벗어나
광복의 깃발이 휘날리는 그날까지
뭉치고 싸우고 싸우고 뭉쳐야 한다

먼저 배우고 깨달은 선각자여 일어나라
조국의 운명이 그대 손에 달려 있나니
독립협회 정도론 아니 된다
좀 더 막강한 비밀조직이 있어야 하고
신념으로 이끄는 지도자가 필요하다
먼 곳에서 외치는 배일선언서도 좋지만
뜨거운 현장에서 배일을 외쳐야 한다

봄밤아리

봄 별밤 아직 가시지 않은 여운
어떻게든 봄을 넘기자
오월이 올 때까지는

삼월은 아 삼월은 영웅의 대낮
통 큰 안중근이 형장에서 죽고
이윽고 도산이 죽어야 하는 운명의 덫

사월은 아 사월은 십팔 세 소녀
영원한 누님 유관순이 잡혀가고
스물다섯 아름다운 청년
윤봉길이 잡혀가던 미완의 봄

봄꽃은 애써 피어나는데
피어난 꽃은 속절없이 지고
마른 눈물 나다가 굵은 눈물
아리랑 아려아려서 아리랑

내 사랑은 별빛 같은 내 사랑은
돌아올 줄 모르는 봄밤아리
고장 나지 않은 오월이 오고 있다

상추

상추 두 판 심어놓고
내가 홀로 사랑했던 여인들 이름
하나 하나 작은 팻말에 붙여 주며
누구 하나 소중하지 않은 사람 없어
상추야 죽지마라 마음으로 쓰다듬고
거름 중 제일은 발걸음이라
하루에도 열두 번씩 들락거린다

많이 먹으면 하품하며 졸려도
봄 여름엔 상추만한 채소가 어디있는가
툭툭 하얀 뜨물 흐르는 잎 끊어내어
흐르는 물에 설경설경 씻어 내면
채반 가득 푸른 청산 둥두렷 생겨나고
삼겹살에 고등어구이 없으면 어떤가
고추장 된장 막 찍어도 맛있는 걸

쫓기는 독립군에게는 상추가 제격이다
불에 삶거나 익혀먹지 않아도 되고
넓은 잎사귀에 밥 한숟갈 얹어서
우람한 볼때기춤 몇번 추면 넘어가
게 눈 감추듯 배고픔을 채울 수 있고
사주경계하며 돌아 앉아 먹어도 되니
상추야말로 야전군 제일식이 아니겠는가

그리움의 호소

그리움을 호소할 곳이 없는 것을
가장 큰 외로움이라 하는가
그리움에 미쳐가는 사람을 보았다
그렇게 만나고 싶어도 볼 수 없는 걸
불타는 보고픔이라 하는가
보고픔에 죽어가는 사람을 보았다
누구라도 내 가슴에 와 다오
한사람 아니 절반사람이라도 좋다
키 크면 좋겠지만 키 작아도 된다
꽉 차면 낫겠지만 텅 비어도 괜찮다

배냇짓 옹알이 하는 조국아
땟국이 흘러도 세수할 줄 모르는 겨레여
남자도 여자도 집도 다 빼앗기고
풀 한포기 제대로 건사하지 못해
하양 민들레는 그렇게 화사한 무궁화는
밤에만 피었다 새벽에 지고 마는가
내 그리움은 극에 달해 있는데
대한나라 사람들 몽땅 상사병 들게 해놓고
여인을 선택할지 조국을 선택할지
이미 결정을 보여 주고 있는 내 사랑아

오렌지 농장 일꾼들

미국의 광활한 오렌지 농장
많은 일꾼이 필요했지만
한국에서 온 이민들은 찬밥 신세였다
한국 사람들은 게으르다
한국 사람은 더럽다라는 이유였다
그런데 이곳에 샛별이 나타났다
오렌지 색 각반을 발목에 두르고
커다란 천 가방을 걸친 도산 안창호
동료들을 한 가지씩 깨우쳐 나갔다
귀찮아도 오렌지 꼭지를 끝까지 잘라라
수백 수천 킬로 먼 길을 가야 하기에
꼭지가 남으면 다른 것을 상하게 한다
우리가 주인의 입장에서 생각해 보자
사람들은 따랐고 주인은 놀랐다
그리고 커다랗게 방을 써 붙였다
한국 사람은 얼마든지 와도 환영한다
일꾼은 성실하고 주인은 따뜻했다
오렌지 농장에 오렌지 빛 일꾼들
나라를 빼앗겨 쫓기 듯 떠나왔어도
도산 안창호를 중심으로 똘똘 뭉쳤다
조국 독립 위한 공립협회 시작 이었다

투명인간

겨레의 스승 도산 안창호
그는 투명인간 이었다
오욕칠정에 기대지 않고
사리사욕에 드러눕지 않고
애련비련에 미끌어지지 않고
속이 훤히 보이는 투명인간
죽음에 대한 공포도 없다 했다

투명인간도 맞으면 아프다
굶주리면 배고프고
슬프면 투명 눈물이 흐를 텐데
일본 경찰에게 실컷 두들겨 맞고
아픈 입맛으로 한없이 굶고
빼앗긴 나라가 많이 슬펐어도
그는 그런 고통에 무심 했다
무념 무상 무아의 경지에서
조국의 독립만이 소원 이었다

투명인간도 그리움엔 휘청거리고
지독한 보고픔엔 속이 타들어가
외로움엔 날개가 꺾어질 텐데
그는 잘 보이는 투명인간
사람의 감정은 빈들로 떠나보내고
투사의 일만 안방으로 끌고 와서
동지들도 전혀 알 수 없도록
투명인간처럼 조용히 해치웠다

삼형제 아들에게

필히 독립하라고 지은 이름 필립
필히 먼저 나가라는 이름 필선
필히 꽃다우라고 붙인 이름 필영
삼형제와 수산 수라 두 딸아
아버지 보고 싶다고 기다리지 마라
나라가 없으면 부모자식도 없고
나라를 찾아야 가족의 미래가 있다

내가 멀고 먼 미국에서 너희를 낳고
겨우 세 번 그 나라에 다녀왔구나
내가 다녀야할 세상은 암흑의 땅
나의 일은 만들고 세우고 가꾸는 일
민족의 앞날이 내 어깨에 달려 있기에
너희들의 울음소리도 외면해야 한다

내가 살아서 돌아가지 못하면
너희 어머니 혜란도 홀로 남아서
로스앤젤레스 길거리 망부석 되어
재봉틀 밟는 발목 힘이 부칠 텐데
밤낮으로 여기저기 뛰어 다녀도
광복은 끄덕도 않고 앉아 있구나
독립도 기운 없이 쓰러져만 있구나

꽃씨

누가 그랬노
고운 꽃은 어디가고
까만 씨앗만 남겨 놓았노

모든 꽃은 꽃씨로 남고
누구나 씨앗이 되는데

도산 선생
민족의 꽃씨 되었듯이
너와 나 겨레의 씨앗이 되자

겨울 동지에게

여름을 함께한 뜨거운 동지들
오던 길 뒤뚱거리며 뒤돌아가다
넘어지고 엎어져 겨울로 간 동지여

해에게서 소년에게 시인 육당 최남선
무정 유정 흙 소설가 춘원 이광수
사상가 교육자 성흠 윤치호
함께 밤새우며 독립을 이야기 했는데
왜 여름에서 겨울로 뒤돌아 갔는가

역사의 겨울은 천만년 길어서
친일 배반자 낙인이 무거울 텐데
얼마나 힘들고 괴로웠으면 그랬을까
쉬운 길에 결코 영광은 없음을
꽃길에 영원은 없음을 알고 있었고
어려운 길 가는 동지들 눈에 밟혀서
들숨 날숨도 찬바람에 얼었으련만

나는 죽음이 두렵지 않았다
나의 눈빛은 고통을 초월하여
멀리 청산에 이는 구름을 보았고
나의 가슴은 현실을 뛰어넘어
곧 돌아올 광복을 보고 있었다

내가 먼저 죽어 돌아간 세상은
꽃 피는 봄날이 한창 이었네
봄날 세상 살다가 겨울로 간 동지여

혜란에게 보내는 편지

하루해가 지고 별들이 떠오르면
이역만리 미국의 오두막에서
오렌지 농장 굵은 먼지를 털고
재봉틀에 앉아서 깃발을 박아가는
그대 쪽진 머리 모습 보이오

내가 냉정해도 살과 피로 빚어진 사람
그리움 따로 떼어놓고 살지 못하고
내 꿈에선 그대가 단골이고
밥 먹는 숭늉에도 어려 오는 그대여

이 편지엔 내 반쪽이 유령처럼 가고
내 진실이 눈물로 배어서 가고
아무에게도 들려주지 못한 이야기
주저앉아 퍽퍽 흐느끼고픈 나약함과
절대로 무너질 수 없는 굳은 신념
그대에게 걸어둔 언약이 간다오

나는 내가 포기할까봐 가장 두려워
다섯 아이 키우며 밤낮 수고하는
나보다 강한 당신 바라보면서
가슴 속 태극기 힘껏 움켜쥔다오

세월의 길

오늘은 처음 가는 새길 입니다
얼마나 많은 꽃들이 피어나고
얼마나 많은 별들이 비추일는지
기대도 소망도 큰 하루입니다

우리 아이들은 또 얼마나 자랄는지
젊은이들은 얼마나 큰 진전이 있는지
청춘남녀는 새로이 만나 예식장 가고
장년들은 직장과 사업을 여는 하루
노인들은 얼마나 깊은 사색에 잠길까

도산 선생은 하루를 아껴 썼습니다
하루를 낭비하면 조국에 죄를 짓고
일본을 이롭게 하는 이적행위 였기에
한. 미. 중 외에도 여러 나라를 다니며
독립을 위해 분초를 다투셨습니다

내게 주어진 새날 이 하루를
내 나라를 위해 값있게 써야하는데
잡념으로 보내는 세월이 미안해져
언제나 나를 깊은 눈물짓게 합니다

순국행

현장에서 물리적으로 죽어야 순국인가
안중근 동지는 교수형으로 순국 했다
유관순 동지는 맞아 죽어 순국 했다
윤봉길 동지는 총살당해 순국 했다
김좌진 동지는 암살로 순국 했다
김구 동지는 저격으로 순국 했다
김규식 동지는 잡혀가다 순국 했다

감옥에서 고문으로 죽어 순국하고
매 맞고 굶주려 죽어 순국하고
감옥에서 병들어 순국한 동지들과
일본군과 싸우다 전사한 동지들
앞잡이 밀정에게 잡혀가서 죽고
일경 헌병대에 걸려 죽은 독립군들
셀 수 없이 많은 투사들이
하늘에 올라 빛나는 별이 되었다

안창호 선생 의사 열사는 아니지만
연달은 감옥에서 얻은 중병으로
광복도 못보고 순국행 열차를 타셨고
위대한 독립투사로 인정받지만
지금 이 나라에 순국자가 있을까
자기 유익 없이 나라사랑 하다가
순국행 열차 타고 떠나는 이 있을까

도산 대통령

내게는 잊을 수 없는 꿈이 있답니다
도산이 초대 대통령 되는 꿈
남북이 하나의 정부로 통일을 이루고
6.25 동족상잔 아픈 전쟁도 없이
세계 일등국가로 달려가는 꿈

대한민국 초대 대통령 도산 안창호
정말이라면 우린 이렇게 살지 않았고
남북이 합의하여 철조망을 허물고
끊어진 강산 헤어진 가족 다시 만나는
가장 행복한 통일을 가져올 영웅

윤봉길 의사 상하이 의거 후에
잘 피하여 잡혀가지 않았더라면
이런 저런 죽을병 걸리지 않아서
건강하게 광복을 맞았을 것이고
큰 경쟁 없이 대통령 되었을 텐데

명연설의 대가 욕심 없는 인품
흥사단 신민회 막강한 기반 조직
미국의 지지와 명사들의 후원
이천만 동포들 폭발적 열망의 꿈은
영원히 이룰 수 없는 꿈이 되었어요

국제 나그네

나도 반평생 나그네인데
그는 평생 나그네로 떠돌았다
처음부터 끝까지 나그네 였다
아내도 있고 아들 딸 오남매
미국에 집도 있고 동지도 있었지만
그가 머무는 곳은 세계의 지붕 밑

나는 글 몇 줄 쓴다고 유랑했지만
그는 단체를 만들고 가르침에 힘썼다
미국에선 공립협회와 흥사단
고국에선 신민회 등 비밀결사
중국에선 임시정부 항일투쟁 혁명가
점진학교 대성학교 세운 교육자

나 지금도 정착 못하고 떠돌고 있지만
도산은 죽음마저 초월하여
억압이 없는 세상으로 떠났다
감옥에서 일인에게 받은 고문으로
병마에 마르고 지친 육신 내려놓고
칠년 후면 광복인데 못 본 아쉬움

살아서 해방의 노래 불렀으면
그도 우리도 얼마나 좋았을까
국제 나그네길 조국 품에 맡기고
한 번도 웃지 못한 나그네 길
마음껏 웃었으면 얼마나 좋았을까

바람 부는 강가로

바람 부는 강가로
전설 같은 강가로 가자
쓰러질 듯 눕는 갈대
어제를 밀어내는 물결

사람들은 왔다가 다시 가건만
수많은 사람들이 왔다 가건만
어떻게들 살다가는 것일까
무엇을 하다가 떠나는 것일까

왜인처럼 이웃나라 빼앗는 사람
나라를 배신하여 겉도는 사람
나라 찾으러 평생 떠도는 사람
그 일을 쓰려고 강가를 걷는 사람

물결에게 내어 주었네
내 마음에 자리한 그 여인을
도산이 내내 그랬듯이
바람 찬 강물에 띄워 보냈네

휘청이며 돌아가야 하나
빗 낱 드는 강가에서
고개 숙인 꽃을 지나
바람이 등 떠미는 한낮

안창호가 윤봉길에게

영웅이여 동지여 제자여
조국을 위해 불꽃이 되었는가
그대는 또한 내 영혼의 아들
그 푸른 주검을 가슴에 묻는다

홍구공원 새롭게 만든 누대에
일왕 생일 천장절 겸 전승기념일
한껏 뽐내며 환호하는 대장들에게
삼엄한 경호를 뚫고 날아든 물통폭탄
죽은 사람 불구된 사람 공포의 시간에
가슴 속 태극기 꺼내어 흔들던 청년

광복을 앞당긴 대한의 투사여
백만 중국군도 엄두 못 낸 1인 전쟁
일본으로 끌려가 오사카 감옥을 거쳐
가나자와 공터 총살형으로 떠날 적에
빼앗긴 나라가 가슴 뚫고 들어왔는데

나는 그 일에 연루되어 잡혀가서
죽을병 얻어 광복 못보고 떠나는 길
괜찮아 괜찮아 그래도 괜찮아
그대 통쾌한 거사가 내 길을 밝히고
하늘 만남이 가슴을 뛰게 하는 걸
동지여 제자여 독립의 아들아

김구가 안창호에게

나이도 고향도 비슷한 도산 선생님
험한 세월 어떻게든 살아서
광복된 조국 하늘 태극기 아래
남과 북 통일 함께 하고 싶었는데
칠년을 기다리지 못하고 떠나셨나요

우리는 같은 길을 가는 투사인데
선생님은 조국을 안고 달리며
비밀결사 속에서 교육과 개혁을
나는 조국을 업고 달려 나가며
비밀조직을 통한 처단과 응징을

나보다 먼저 큰 애국 시작하시고
흥사단 신민회 임시정부 앞서 나가서
선생님은 언제나 앞줄 가운데 앉고
나는 뒷줄 귀퉁이에서 사진을 찍어
주인공과 참여자 모습 이었습니다

윤봉길의 상해 쾌거 후폭풍으로
나는 여러 도시 이사로 피해 갔는데
선생님은 감옥 모진 수난으로
세상을 이별하는 병까지 얻으셨지만
가장 모범적인 독립영웅 되셨습니다

도산 안창호 평전

몇몇 분이 도산 안창호 평전을 썼다
태어나고 활동 하다 떠남까지
일대기를 편년체로 써 나가면서
독립운동 역사를 장식할 이야기를
수많은 자료와 함께 써 내려갔다

나도 시로 도산 안창호 평전을 썼다
삶과 죽음 사랑과 눈물을
부분적인 기전체로 써 나가면서
한 시대를 살아 온 영웅의 이야기를
백년 후까지 기록하고 싶었다

사람들은 그가 왔다 간 사연을 썼고
나는 그가 와있는 현재를 썼다
사람들은 그가 한 위대한 업적을 썼고
나는 그가 우리와 함께 살고 있는
그의 숨결과 따뜻한 보살핌을 썼다

사람들도 평전으로 미래를 보려 했고
나도 평전에 피가 흐르게 하고 싶었다
사람들이 꺼지지 않는 혼 불을 말할 때
나는 멈추지 않는 겨레의 심장을
영원히 민족과 함께 살아갈 실체를 썼다

이토와 마주앉아

이토가 아직 안중근에게 죽기 전
안창호를 초청해 마주 앉았다
66세 노인과 29세 청년의 면담
그것은 한 나라의 운명을 놓고
칼날이 춤추는 대결의 장 이었다

안창호내각은 언급 되지 않았지만
그런 이야기는 세상을 떠돌았는데
이토에게서 회유의 의견이 흘러나왔고
단호한 도산의 답변이 나올 때마다
늙은 원숭이 상 얼굴은 일그러졌다
반면 기가 살아서 얼굴이 붉어진 청년
교활한 간계는 아무런 소득 없이 끝났다

처음에 이토는 쉽게 생각했을 것이다
수많은 사람들이 회유와 겁박에 넘어가
찬란한 명예를 매국노와 바꾸었기에
안창호도 그럴 거라고 자신했겠지만
불타는 애국심에 이토는 좌절해야 했다

한국과 중국 아시아 평화를 들먹거려도
침략의 본심은 결코 감출 수 없어
도산의 논리정연하고 확신에 찬 대답은
면담의 차탁에 찬물을 끼얹었을 것이다

도산 산마루

민족의 성산 도산 안창호 애국마루
어떻게 한 사람 일생이 산 이었을까
백두 한라 지리 설악 청청한 영봉에
사람 산마루 하나 걸쳐 놓으면
무실 역행 충의 용감
지성과 용맹이 엮어진 도산 산마루

그 빛 밝은 산마루엔 학이 모이고
억년 바위틈엔 천년 소나무
사시사철 피어나는 산꽃 서리꽃 눈꽃
노래하는 바람도 청산에 산다

아스라한 계곡으로 물이 시작 된다
이슬이 모이더니 샘물이 되고
샘물이 모여 새 울음 여울로 흐르다
이윽고 바다로 이어지는 물길 놓는다

도산은 작은 흐느낌으로 울지 않는다
엉엉 소리 내어 우는 큰 울음이다
도산은 졸졸졸 흐르는 냇물이 아니다
우렁우렁 소리 내어 흐르는 강물이다

대성학교 운동회

백군 이겨라 청군 이겨라
아무나 이겨라
사오천 시민들이 참관하고
달리기 씨름 줄다리기 공굴리기
사십여 개의 경기종목이 펼쳐진
평양 대동강변 대성학교 운동회

중학교를 뛰어넘어 이미 사관학교
민족정신 기르고 군사훈련 가르치고
독립운동 간부를 양성하는 교육기관

맑은 하늘아래 시작된 운동회는
학부모와 교사 관중 이외에도
설립자 안창호 교장 윤치호는 물론
팔도 유명 독립투사들의 단합대회

한양 대 평양 축구대회가 열리고
전국 중학교에 조직되던 청년학우회
밑그림이 그려지던 봄가을 운동회

뛰어라 달려라 날아라
힘 드는 평양시내 구보행진도 없고
딱딱한 학문과목 제식훈련도 없는
오늘은 학생들의 푸른 하룻날

오늘 나의 하루도

오늘 하루도 애국으로 살았습니다
도산을 생각하며 안창호를 읽으며
밥을 먹어도 애국의 마음으로
일을 해도 애국의 손놀림으로

오늘 하루도 길을 걸었습니다
슬픔으로 휘청거리는 걸음걸이
만지걸음 웨죽걸음 물레걸음
수없이 길을 걸으며 흐느꼈습니다

나라를 되찾은 지 팔십년도 안돼서
아직도 침략을 계속하는 일본을
그렇게 따르고 사랑마저 하는지
이해가 안 돼 한참을 서 있었습니다

평생을 애국에 바친 도산을 못 보고
구국에 목숨 바친 순국선열 안 보고
용서할 수 없는데 용서라도 한 듯이
일본 흉내 내기에 익숙해진 사람들

평생 미워하고 살라는 것은 아닙니다
일본에 가고 먹고 입고 일본 차 타는
역사를 잊어버리는 바보짓 하지 말고
대한민국 자존심 세워보자는 것입니다

웃는 연습

나는 매일 웃는 연습을 하네
하루에도 열두 번씩
넘어지지 않으려고 주저앉지 않으려고
웃는 다네 웃어제낀 다네

슬픔도 얼씬거리다 그냥 가고
절망도 엉거주춤 눈치보다 달아나고

내가 웃으면 하늘도 구름도 웃고
바람에 나부끼는 나무들도 웃는데
찡그린 꽃을 보았는가
악다구니 쓰는 새들을 보았는가

내가 이렇게 웃는 연습을 해두는 것은
힘든 날 힘들지 않기 위하여
슬픈 날 슬퍼하지 않기 위하여

동지들이 많아도 늘 외로운 망명객
도산선생도 나처럼 그러셨을까

허탈하지 않게 일부러 웃는 웃음으로
수수께끼처럼 풀리지 않는 일들을
까마득 하늘까지 웃고 견디셨을까

이상촌

도산 안창호가 만들고 싶었던 이상촌
파라다이스 유토피아 샹그릴라 아니고
이상향 무릉도원도 아닌 모범촌
신선처럼 모여 사는 것이 아니라
농사짓고 훈련받는 독립전진 마을

상해 만주 몽고 아시아 여러 지역에
이상촌을 그렇게 갖고 싶었던 뜻은
일본의 침략야욕에서 벗어나고파
맞싸울 최소 단위 군락을 만드는 것
그것이 어찌 숨겨진 비경 이었겠는가

일본군이 위협하고 중국인이 방해해도
밤하늘 무수한 별자리처럼
독립이 바탕에 깔려 있는 부락 있다면
일본군들도 함부로 날뛰지 못하고
개척민들도 무참히 죽진 않았을 텐데

가족처럼 모여 사는 아름다운 터
함께 웃고 함께 웃는 사랑 마을은
지금도 우리가 가꿔가야 할 이상촌
몇 백 년이 지나도 변함은 없으리
우리가 내 나라에서 살고 있는 한

돌멩이 찬가

지위를 돌멩이처럼 보았다
돈을 돌멩이처럼 만졌다
여색을 돌멩이처럼 대했다
도산 안창호 선생 그렇게 살았다

가슴이 뛰다가 눈이 멀게 되는 것들
숨어서 몰래 라도 가져보고 싶은
잠시 아니 영원히 누리고 싶은 욕망
멈출 수 없는 유혹을 어찌 이기셨을까

모든 지도자들이 도산 사고를 본받고
많은 지성인들이 도산 인품을 따르고
이 땅의 젊은이들이 도산을 우러른다면
천지는 돌멩이 아닌 황금빛 세상

일본이 도산 선생 절반만 닮았어도
우리는 삼십 육년 아픈 세월없었고
일본도 훨씬 문명국이 되었을 텐데
아직도 남의 땅 탐내는 야만의 나라

우리 돌멩이의 눈으로 세상을 보자
돌멩이 천만분의 일 삶을 살면서도
자꾸만 가슴에 욕심이 싹터올 때마다
말없는 돌멩이 무게로 하늘을 보자

유언에 부쳐

나는 죽을 때 무슨 말을 남겨야 할까
많은 사람들이 유언을 남기고 떠났다
가족사랑부터 회한의 유언까지
천인천언을 남기고 인생을 마감했다

사람은 죽음에서 남길 말이 있어야 한다
안중근 윤봉길 많은 순국 영웅들도
자기 죽음보다도 조국의 현실이 아파서
유언도 독립의 슬픔을 남기고 떠났지만

도산 안창호 편히 눈을 감지 못하고
병상을 찾아온 작별인 들에게
사랑하는 동포들 괴로움을 아파하며
어찌어찌 하기를 당부하고 부탁했다

평생을 함께 싸워온 동지들 걱정과
잠시 머물렀던 대보산산장 나무들과
송태산장 운동장 수양처소까지
독립을 못보고 가는 아쉬움을 전했다

빈손으로 가더라도 유언은 남겨야 한다
잘못한 것들을 뉘우침도 좋겠지만
남겨진 사람들에게 오래 기억되는
나라사랑 한마디 남기고 가면 좋겠다

노제 없이 가는 길에

큰 별이 지고 거목이 꺾이듯
도산 안창호 선생 은하계로 떠났다
노제도 조문객도 없는 쓸쓸한 장례식
고향 대동간변이 아닌 황량한 망우리
산비알 황토에 서둘러 묻혔다

치열했던 일생, 활화산 집념의 평생
살아생전 쌓아 온 마땅한 대우 대신
영안실 고별식에도 이십 명 이내
형제와 지인 서넛이 빈소를 지켰고
일경의 총칼 경비 속에서 치러졌다

국내 동우회 동지들 묘소 참배 못하고
남산의 신궁에 엎드려 울어야 했고
미주 독립본부와 임시정부 임원들
국내외 모든 항일 독립운동가 들도
좌절과 후회로 도산을 떠나보냈다

평소 아들 같던 단우 유상규 곁에
묘비조차 없이 초야의 무덤에 묻혀
잠시도 쉬지 못한 육신을 놓았지만
대한나라 미래를 힘차게 이끈 영웅은
강남 땅 도산공원으로 돌아왔다

부부편지

도산 안창호가 부인에게 편지를 썼다
공립협회 흥사단 임시정부까지
현재 처해 있는 실정과 입장
앞으로 해야 할 생각과 일들을
사랑하고 미안한 마음으로 보낸 편지

아내 이혜련도 남편에게 편지를 썼다
자녀들과 농장 일과 한국여자애국단
같은 일상 같아도 전혀 다른 일상
가슴 시리도록 묻고 싶은 안부를
그립고 위로하는 마음으로 보낸 편지

언제 배달되어 읽혀질지 모르지만
그때마다 현실처럼 느껴지길 바라며
아쉬움을 덧입혀 봉한 편지는
한국 중국 만주에서 수만리 미국까지
파랑새 되어 날아가고 날아왔다

남편 안창호는 국제적 독립운동가
아내 이혜련은 미주 여성독립운동가
옷감 짜듯 써내려간 편지 속에는
두 사람과 가족 간의 반가운 사연보다
빼앗긴 고국 독립 울음이 새겨 있었다

도산공원

바람도 분향하다 가는 곳
청담동에서 논현동 이르는 도산대로
신사동 길 꺾어들면 도산근린공원
빌딩 도심속에 여유로운 산책길

숲속 갖가지 나무들 읍하는 모습
사계가 한 계절로 통하는 통로처럼
알 수 없는 위엄이 허공에서 내려오고
하늘 우러르며 서 있는 동상 하나

단정한 무덤 두 사람은 잠들어 있을까
그렇게 보고 싶었던 찬란한 조국
저리 활보하는 시민들 바라보며
둘이 손을 마주잡고 웃고 있지 않을까

만고풍상 겪으며 세계를 품고있던
영원한 겨레의 스승 도산 안창호
팔자 없는 가장이 되어 가족 돌보고
독립을 위해 미국에서 싸우던 이혜련

부부가 함께 누운 만여 평 넓은 정원에
도산기념관 유물전시관 조용한 건물
공중의 새도 한켠에 비켜서 지저귀고
밤이면 까마득 별빛 조명 비추는 곳

어머니의 눈물

어머니가 우시는 걸 처음 보았습니다
소리죽여 울어도 철철 피 흘리는 울음
낮은 문지방 부여잡고 쓰러질듯이
어머니는 소쩍새보다 슬프게 우셨습니다

타국살이 혹독한 시련과 고생
모진 기다림에도 끄떡도 않던 어머니
수천만 사람들 눈물 혼자 다 흘리듯이
태평양 바다처럼 소리 내어 우셨습니다

사랑하는 남편이자 독립운동 동지
해방의 날에 함께 살줄 알았는데
하늘이 무너져 내리는 부음을 듣고
전보지처럼 창백하게 울고 계셨습니다

고향도 고국도 아닌 머나먼 타국에서
자녀들과 함께 지만 홀로 남겨진 슬픔
한 가닥 희망이 연줄처럼 끊어져버려
삶을 통째로 잃어버린 눈물 이었습니다

누가 있어 도산을 대신해 그 일을 할까
억울하고 분한 마음 일본을 향하여
내 남편 다시 살려내라 소리치듯이
구멍 난 하늘 짜내며 울고 계셨습니다

유명한 사람

사람들은 말 한다 유명한 사람을
세계를 정복한 전쟁영웅부터
발명가 과학자 정치인 예술인 체육인
그러나 나라 위해 목숨 바친 사람들보다
더 숭고하고 가슴 시린 유명인이 있을까

일반 유명인 들은 땅에서만 이름 높지만
독립을 행하다 하늘에 오른 사람들은
땅에선 영웅 하늘에선 별이 되어
강물 같은 역사에 섞여 흘러서
유명인 중에서도 빛나는 유명한 사람

그대여 진정 유명해지고 싶으신가
너무 자신만 챙기고 나라는 뒷전이라면
더러 어찌 유명세를 탈지는 몰라도
오래토록 기록에 남는 유명인은 못되니
지금이라도 나라사랑 힘을 보태시길

사람이나 정치에 굵은 핏줄 세우지 말고
우리를 에워싼 수많은 적들을 향하여
작은 실천 하나라도 챙겨 가다보면
우리의 힘은 해일처럼 용솟음치려니
하늘 기록첩에 금박 글씨 새겨 지리라

평생 애국

애국은 잠깐 하다가 그만 두는 게 아니다
얼굴이 붓고 눈이 멀고 가슴 터지도록
나라 위해 평생을 바쳐온 사람들
독립삼남매 안중근 유관순 윤봉길
백범 김구 도산 안창호 백야 김좌진
별처럼 많은 독립투사와 애국지사
평생 애국의 본보기 영웅들인데

먹고 자고 걷는 곳에도 애국이 있다
평생 애국 한번 못하고 떠난 사람은
이승의 강을 고개 숙여 건널 것이지만
매국노로 평생 살다가 죽은 사람은
저승의 강을 통곡으로 건너야 한다

큰 그릇만이 애국의 그릇이 아니다
기는 자 위에 걷는 자 그 위에 뛰는 자
뛰는 자 위에 날으는 자
그 보다 더 무서운 것은 계속하는 자
순국선열들은 독립을 위해 계속한 사람
크고 작은 그릇들이 모여 살림 되듯이
내가 할 수 있는 일로 애국하면 되는 것
이제 평생 애국 하늘을 바라보자

정류장에서

얼마나 많은 정류장을 거치셨을까
독립 위해 세계를 누빈 도산 선생은

헤어지고 만나고 떠나고 돌아오는
기차 배 역마차 끝없이 찾아간 정류장
빼앗긴 나라 안고 속울음 우셨을 텐데

다른 세상으로 여행하기 위하여
꼭 거쳐야만 하는 곳이 정류장 이라면
우리는 언제나 정류장을 거쳐 사는데
그냥 별 뜻 없이 지나치는 삶의 접점

그대여 오늘 마주친 정류장 돌아보라
만남의 기쁨보다는 떠나는 슬픔으로
세상 눈물이 고밀도로 농축되어 있어
크고 작은 울음이 술잔처럼 넘치는 곳

여기 떠나기만 하고 돌아올 수 없는
인생의 마지막 정류장이 있다
불여귀 울음 검은 장막 둘러친 이별

하늘 길 가는 정류장은 쓸쓸했을까
민족을 위해 평생을 바친 도산 선생은

도산을 노래하리라

그를 알지 못하여 노랠 부르지 못하고
그를 만나지 못해서 노래를 잊었다면
이젠 꿈꾸듯 도산을 노래하리라

때마다 피는 꽃 철철철 흐르는 강물아
하늘 같은 마음 청산 같은 눈빛으로
민족의 독립 위해 활화산처럼 살다간
영원한 겨레의 스승 도산을 노래하여라

누가 시킨다고 되는 일이 아니었다
사람이 등 떠밀어 떠난 길도 아니었다
석박사나 관 높은 학자도 버리고
오직 독립 위해 건너던 생사의 징검다리

그의 집념과 도전은 총칼보다 강했고
그의 정신과 논리는 샘물보다 맑았다
삼천리강산아 꽃과 새와 나무들아
욕심 없이 살다 떠난 도산을 노래하여라

아 구름 같은 노래 바람 같은 노래로
민족의 영웅 도산을 사랑하여라
역사의 끝 날까지 도산을 기억하여라

푸르른 날에는

푸르른 날에 홀로 들길을 걷는다네
낮은 산자락도 푸르름을 밀어내어
들녘으로 가는 길은 푸른 내음 먼저 가고
햇살은 저만치 보석처럼 반짝이면
뒤따라오던 바람 머리칼을 흔드네

아 나의 조국은 이리도 푸르르구나
매서운 칼바람 속으로 뛰어들던
조국을 위해 용감하게 맞서 싸우던
활화산 같은 나의 선열들이여
황량하게 얼어붙은 동토를 밟고 갔지만
우리는 그 덕분에 푸르름에 살고 있네

은혜를 잊으면 희망도 잃는다네
귀한 목숨 숭고한 피로 되찾은 푸르름
한사람씩 잘살아야 모두가 잘살지만
너무 자기의 이득만을 위해 산다면
푸른 나라 푸른 벌판은 누렇게 병들어
우리는 적이 쳐놓은 투망에 걸려드나니
은혜로 지킨 나라 서로 가꿔가야 한다네

가시 수레바퀴

가시로 만든 수레바퀴를 본 일이 있으신가
역사를 거스르고 거슬러 오르면 만나는
찔리고 아프고 고통스런 가시 수레바퀴
알알이 맺힌 핏방울 침략의 상처
가시에 찔리고 수레바퀴에 짓밟히던
아 흰옷 입은 사람들의 신음소리

인류를 구원하려던 예수는 가시면류관
조국을 지켜낸 순국영웅을 옥조이던
밧줄과 총알 몽둥이로 만든 가시목걸이
독립투사 가족들은 꽉 채워진 가시발찌
훈장은 가시바늘 되어 심장을 찌르는데

따가운 가시방석에 앉아 본일 있으신가
피가 응고되어도 멈추지 않는 고통
독립을 위해 출가하던 발걸음마다
가시 바지저고리 가시 대님 가시 신발
우리는 잊고 있다 잊혀지고 있다
역사의 가시 수레바퀴를 온몸으로 감싸
평탄하게 굴러가는 수레바퀴 만들고
평생을 긴 가시에 찔려가던 사람들을

하늘에서 내려온 사람

조국을 지키려고 하늘에서 온 사람들
잠시 별자리를 떠나 세상에 내려왔다
헤아릴 수 없는 은하계에서 출발해
어려운 조국의 시간표에 맞춰 도착한
순국선열 호국영령 자유지킴이들
잘 알려진 분들도 많이 있지만
이름 없이 싸우다 하늘로 돌아간 별들

우리는 너나없이 하늘에서 내려왔다
어떤 이는 큰 별에서 누구는 작은 별에서
세상에 내려와 인간으로 살아가면서
맡은 일 주어진 운명의 숙제를 풀다가
사랑하고 미워하고 울고 웃으며
세상을 떠나 다시 하늘로 돌아가지만
욕심에 눈멀어 길을 찾지 못하고
영영 하늘을 오르지 못하는 사람도 있다

나도 하늘에서 시 쓰라고 내려 보냈다
무소유 나그네로 살며 글이나 쓰라한다
현실로는 갈수 없는 길도 시로는 가고
눈으로 볼 수 없는 세상 시로 보면서
인기 없고 알아주지 않고 배고파도
내 사명 다 마치고 하늘 길 오르라 한다
그것이 나를 보낸 하늘의 뜻이라 한다

도산의 꿈

도산이 꿈꾸던 세상을 만져 봤어요
일본에게 빼앗긴 나라 되찾아
마음껏 배우고 힘을 길러서
전쟁과 기아 질병에 시달리는 인류에게
무한한 도움을 줄 수 있는 나라
선조들의 지혜로 홍익인간이 사는 나라
다시는 침략 당하지 않고 튼튼한 나라
그런 나라를 꿈꾸고 있었어요

도산의 꿈은 늘 흥건한 눈물에 젖어
한시도 마를 날 없었던 진흙탕길
사람들이 말하길 꿈은 이루어진다 했는데
도산이 떠나고 수십 년이 흐른 지금
그 꿈이 이루어졌다고 말할 수 있을까요

해방도 되고 독립도 되었고
선진국들과 어깨를 견주며 치솟는 나라
넓히고 뻗어나가고 풍요를 이룬 나라
자유와 정의 질서가 회복되어 가는 나라
그러나 세계에서 하나 남은 분단국
통일의 소원이 자꾸만 늘어지고 희미해져
아직도 허리 잘린 불구로 사는 나라
다시 전쟁의 포신을 닦는 이웃 나라들
정신 바짝 차리고 대비하라는 뜻이겠지요

도돌이표 사랑

내 사랑은 도돌이표 사랑
한참을 가다가 다시 되돌아오는
풀어버린 밧줄 또 한 번 되우 묶는
가슴에 새길 때까지 반복되는 사랑
당신에게 밤새워 쓴 편지도
저물도록 쓴 답장으로 되돌아오고
달에게 묻고 별에게 전했던 사랑도
별빛 달빛으로 휘감겨오는 도돌이표
우리가 아무리 멀어도 하늘보다는 가깝고
아무리 그리워도 노랫말보다 작은 곡조

도산의 사랑도 도돌이표 였다
이 땅에 태어나 나라 위해 죽은 사람들
그들의 밑줄 치듯 중요한 삶의 대목도
눈물 뿌려 가던 서러운 도돌이표

지금도 어떤 이들은 그리고 있겠지
높은음자리 낮은음자리 인생의 악보에
놓치고 잘못하고 실수한 음절보다
조금은 더 잘해보고 싶은 단락을 찾아
직선 횡선으로 도돌이표를 그려 넣고는
다시 돌아올 소망을 되묻고 있겠지

멀리보기

멀리보기 둘러보기
내 발등만 바라보지 말고
다른 사람 이마도 바라보기

젊은이여
이 나라의 희망이여
우리의 선구자들은 그랬노라

안개 뒤 세상도 바라보고
구름 위 하늘도 보았고
산 너머 바다건너 나라도 보았노라

그래야 한다 그래야만 한다
눈빛 짧게 떨구는 생각을 벗어나
아득히 멀리 지평선을 바라보라

흐르는 역사 이상의 사닥다리 타고
우리 겨레의 앞날을 향하여
고독한 싸움을 할 준비가 되어있는가

하늘이 땅이 삼천리강산이 돕고
민족 위해 산화한 선조들이 도우리니
두려움 없이 애국의 길 가거라

새로운 인사법

안녕하세요 보다 더 멋진 말은 없을까
무궁화 하면 태극기 그것도 좋고
도산 하면 안창호 백범 하면 김구로 화답
나라사랑 하면 겨레사랑
남북통일 그러면 우리소원
대한민국 하면 생뚱맞게 보름달 하지 말고
차라리 앗싸 앗싸 하면 어떨까

유치원생 어린이들
참새 짹짹
오리 꽥꽥
그렇게 쉽고도 행복한 인사법
이제는 한번쯤 생각해 봐도 좋지않은가

도산의 터전 위에

이 땅의 터전 위에 우리가 살아감 같이
도산의 터전 위에 애국의 씨를 뿌려라
그 터전은 부드럽고 기름지다
땅을 일구고 고랑 만들어 씨를 뿌리면
아버지 손길 어머니 품속 같은 흙마다
영롱하게 반짝이는 별빛의 꽃이 피고
금은보화 가득한 결실의 날이 오리라

아무런 씨앗도 뿌리거나 가꾸지 않고
한평생 살고 있는 나라 원망만하다가
남의 것 얻어먹는 거지처럼 살거나
아예 나라를 배신하고 역적으로 남으면
악한 터전에 독초만 가득하리라

도산의 터전처럼 아름다운 기틀 위에
내일 우리를 더욱 번영케 할 꿈을 심고
미래의 밝은 햇빛 초롱을 달아보자
그 터전은 풍요롭고 신바람이 나서
한 개를 심으면 백배의 수확을 거두고
사시사철 감사와 축복이 넘치는
천만년 무궁화 영토의 기초 되리라

현재 사랑

당신의 현주소가 내 가슴에 있는 한
내 사랑은 언제나 현재입니다

산 넘고 바다 건너 보이지 않아도
당신 소식이 내게 전해져 오기만 하면
당신은 내 현재 사랑입니다

우리가 서로를 그리워하면
그 그리움의 끝자락이 별에게 닿아
별이 빛으로 서로에게 보내줘서
청청한 하늘에 밧줄처럼 매어진
우리 사랑은 창공 같은 싱싱한 현재

지금은 당신이 내 곁에 없어도
언젠가는 꼭 만날 것을 믿기에
꽃피는 봄부터 여름 가을과 겨울
꿈꾸듯 참다운 현재를 기다리며
나는 오늘도 땅이 아닌 하늘을 봅니다

몇 해 몇몇 해 수십 년이 흘러가도
당신이 걷는 길이 의로운 길임을 알기에
먼 훗날 중간은 생략되고 현재만 남아서

당신의 눈물이 내 가슴에 있는 한
내 사랑은 꼿꼿한 현재입니다

내 삶의 절반쯤은

내 삶의 절반쯤은 꿈을 향해 갈 일이다
꿈은 욕심이 아니다
꿈은 선한 것이다
다른 사람을 짓밟고 오른 자리는
꿈의 자리 아닌 욕망의 의자
일본처럼 다른 나라를 침략한 것은
꿈꾸는 세상 아닌 죄악 된 세상
진정한 꿈은 나라를 빼앗긴 선열들이
나라를 찾기 위한 독립의 열망
꿈을 위해 평생을 바치고
목숨과 소망도 모두 나라에 준 것처럼
꿈은 정의로운 것이다

내 삶의 절반 아니 그 절반의 반이라도
독립 영웅들처럼 살아갈 수 있다면
나는 꿈을 이룬 것이다
내가 날마다 험한 길에서 기도하는 것은
나만을 위해 살아감을 멈추고
순국영웅을 본받아 살기를
내 삶이 뜨거운 열정의 답습자 이기를
하여 그들에게서 떨어진 애국의 부스러기
그 조각 하나라도 부여잡고 싶은 것이다

당신이 있는 나라

당신이 있는 내 나라를 사랑 합니다
내 나라에 사는 당신을 사랑하듯이
당신이 어느 땅 어느 나라에 있어도
마음은 언제나 고국 그리워함을 알기에
당신의 나라는 대한민국 코리아입니다

아무리 떠돌아다니다 잠시 잊혀 져도
불면증처럼 그리움이 옥죄어 오는
하늘을 보아도 바다를 보아도
낙타방울 소리 울리는 사막의 신기루여
죽어서라도 묻히고 싶은 나라입니다

우리에게 시공을 넘나드는 영혼 있다면
하루에도 몇 번씩 날아서 다녀가고
우리에게 땅속을 뚫는 용암이 있다면
고달픈 두더지라도 전혀 상관치 않을
언제나 목마른 그리움의 나라입니다

당신이 살고 내가 사는 나라는
수많은 역경과 고난을 견뎌온 까닭에
또 닥쳐올 험한 산 높은 파도라도
당신과 나 온 나라 사람들이 뛰어 넘을
목숨의 터 대한민국 코리아입니다

길 없는 길에서

원래 길이란 없었다
길은 만들어지고 다져져서 큰길이 된다
인생의 길이라고 다르겠는가
애국의 길이라고 다르겠는가

도산 안창호 선생이 그랬듯이
아니 이 나라 애국지사들이 그랬듯이
길을 찾고 그 길을 다져야한다
황톳길 신작로였다가 페이브먼트 길
마침내 씽씽 달리는 하이웨이처럼

사람이 걷는 발자국이 길이 된다
사람이 천명이면 길은 만개가 열리고
만개의 길에 또 백만 사람이 가는데
옳은 길을 가면 축복이 기다리지만
그른 길 몹쓸 길에는 슬픔이 달려있다

사랑하는 이여 그대가 오늘도 걷는 길
많은 사람이 즐겁게 따라오는 길
영롱한 역사의 흔적이 남아있는 길
나라사랑 흠뻑 적신 길이면 좋지않겠나

하루 꽃

꽃이 피듯이 하루가 피어납니다
백년을 살아도 하나 밖에 없는 하루
그 하루가 꽃으로 열리고
사람들은 하루를 살다가 하루에 죽지만

오늘도 하루라는 꽃날을 선물로 받고
이 하루를 가장 소중하게 쓰는 방법은
나라라는 나무에 내 인생을 접붙여서
나라나무로 이 하루를 사는 것입니다

내가 있어 나라가 있는 것이 아니라
나라가 있어 내가 있는 것이고
내가 없으면 나라도 없는 것이 아니라
비록 나는 없어도 나라는 있어야 합니다

오늘 내게 허락된 꽃날 하루를
내가 떠나도 이 땅 지켜갈 후손을 위해
이 나라에 담겨진 부속품 소모품으로
웃으며 말없이 내 몫을 다하고 싶습니다

도산의 마음

도산의 마음은 진정한 사람의 마음
결코 신을 만나는 마음이 아닙니다
이 민족 이 겨레의 참다운 마음
도산의 마음을 만나면 가슴줄기마다
삼천리 산맥과 강물이 돌아나가고
동해 남해 서해 바다가 물결쳐 옵니다

도산은 이 나라 성인의 마음입니다
실천하고 행하는 덕목을 갖춘
군자의 길을 걷는 투사라 해도 좋고
학자이면서도 올바른 스승입니다

개인적인 욕심이나 일체의 욕망도 없이
머나먼 이국의 가족 챙김도 미루고
독립이 되어 모두 잘사는 세상 꿈꾸며
하루 한때도 쉬지 않고 달렸습니다

독립을 향한 곳이라면 어디든 갔고
독립을 하는 사람은 누구라도 만났고
독립에 필요한 학교와 여러 단체들
도산의 마음을 애타게 기다리는 광복
지옥불 같은 감옥도 두려워하지 않고
마지막 목숨까지 내어준 마음입니다

아버지께 올리는 편지

아버지 너무 마음 아파하지 마세요
우리 오남매 아버지는 대한나라 아버지
우리와 함께 편히 살지 못하고
빼앗긴 나라 위해 독립나그네 되셨지만
아버지 가시는 길에 징검다리 놓습니다
그리움을 뭉쳐서 눈물로 구운 징검돌을

어떤 아버지는 적들의 앞잡이가 되었고
어떤 아버지는 자기 욕망의 노예로 살고
어떤 아버지는 자식을 위해 그랬다면서
자식에게 영원한 부끄러움만 남겼는데
아버지는 지위 명예 재산과 여성의 유혹
가장 흔한 구렁텅이 뛰어 넘으셨지요

평생 나라와 아내만 사랑했던 아버지는
우리가 사는 삶의 좌표를 보여주셨고
힘든 일에 지쳐 쓰러져도 원망하지 않는
어머니의 신앙이 된 남편 향한 믿음은
우리가 무엇을 사랑해야 하는지를
아버지는 몸소 가식 없이 가르치셨습니다

이 편지가 부쳐지는 것보다 더 소중한 까닭은
아버지 빈자리 운명 같은 폭풍우에 맞서며
우리가 매일 가슴편지 쓰고 있기 때문입니다

그리움이 무섭다

그리움도 심하면 죽을병 되는건가요
그리움도 체하면 토하게 되는가요

그리움이 내 안에 꽉 차있습니다
풍선처럼 터질 듯합니다

그리움이 무섭습니다
하늘이 무너지고 땅이 꺼지듯
가슴에 강력한 폭탄이 숨겨지고
뇌관이 눈시울에 연결되어
건들면 오후 한때나 한밤중이라도
눈물로 쏟아질 위태로운 그리움

그리움은 멈춤도 평행도 없고
굽이치고 소용돌이치는 물구나무까지
언제나 아슬아슬한 내 마음의 험로
그 엄청나고 무시무시한 그리움도
당신이라는 해결책이 있음을 알기에
그리움이 활개 치게 놔두는 것입니다

내가 이리도 몸서리치게 그리워함은
그마저 없으면 삶의 소망마저 무너져
그리움이 사무치면 불치병 되는건가요
그리움에게 점령당하면 포로가 되는가요

당신의 일부

나는 당신의 일부입니다
당신의 전부는 물론 나라였지요

하지만 내겐 당신이 전부입니다
내 마음 속엔 당신 밖에 없지만
당신의 고국사랑 그냥 따르면서도
왜 자꾸만 당신 모습이 떠올라서
하늘이 높고 바다가 넓은 걸까요

내가 당신의 일부로 사는 것이
내가 선택한 운명의 길이라면
행복과 감사로 받아들이겠습니다

당신의 일부면 나도 내 나라의 일부
나의 작은 힘과 능력도 필요하다면
언제든 성심껏 보태렵니다

내 팔이 나무 가지처럼 늘어나고
나의 다리가 냇물처럼 길어져도
내 마음은 언제나 당신의 일부
영롱하게 빛나는 당신의 일부입니다

도산의 미소

도산의 미소는 온화하다
그래서 가끔씩 촌스럽다
시골 학교 선생님 미소처럼
정자나무 미소 산모퉁이 미소지만
사람이 만드는 최고의 미소다

도산의 미소는 평화롭다
아니 평화를 찾는 미소다
그 미소 속에는 강한 투지가 담겨
고국을 떠나 미국으로
가족을 떠나 세계 속으로

독립운동가 길에 미소가 있겠는가
그러나 도산은 미소를 잃지 않았다
일본 고위직을 만날 때에도
끝없이 달라붙는 일본 경찰 헌병대
감옥에서 괴롭힘을 주는 간수를 만나도

도산이 그들에게 미소를 보인 것은
침략에 눈먼 적들이 불쌍했다
침략자의 가족이 안타까웠다
언젠가 광복의 날이 돌아올 때를 위한
꿈꾸듯 영원의 미소였다

아들딸들아 애국가자

아들딸들아
그만큼 멈칫거렸으면 사랑 길 떠나자
이 핑계 저 핑계 한 세월 보냈으면
더 늦기 전에 나라사랑 길로 나서자

우리가 사는 길 나라사랑의 길
우리가 죽는 길 애국에서 벗어나는 길
목숨 바친 순국선열처럼 목숨 내놓고
재산 바친 독립운동가처럼 재산 내놓고
집 떠난 독립투사처럼 가출권고 아니고
자기 자리에서 할 수 있는 그만큼만
나라 위해 힘을 보태라는 것이다

아들아 네가 어느 여인을 사랑했듯이
딸아 네가 어느 남자를 따랐듯이
민족을 사랑하고 따르라는 것이다

네가 먹는 밥 조금만 나눠주고
네가 입는 옷 한 벌만 입혀줘서
겨레가 굶주리고 추위에 떨지 않도록
너의 것 떼어주고 감싸주기만 한다면
나라는 너에게 산 같은 선물을 주고
영원히 마름 없는 강물로 흐를 것이다

은하수 길을 내다

무궁화 강물에 꽃삽을 씻고
태극기 물결에 깃발삽을 갈아
은하수 언덕에 길을 만들자

은하수에 길이란 없었다
거룻배 노저어 별과 별 사이를 지나고
은하강이 홍수로 굽이쳐 흐르면
삐그덕거리는 목선의 울음소리

처음 길을 낸 독립투사들은
가까운 별끼리 허공에 길을 열면서
빼앗겨 아무것도 남지 않은 나라였기에
자신을 던져 별 징검다리를 놓고
뒤따른 이들이 스스로 묶은 별 섶다리
은하수엔 그물망 총총한 별의 다리들

은하길엔 더 많은 별조각이 필요하다
너와 내가 별이 되어 또 다른 길
우리가 별이 되어 연육교가 된다면
우리가 살아있는 시간이 다 지나도
세상엔 별길다짐이가 점점 늘어나
아름다운 별나라 순례자가 된다

꽃잎 일기

꽃잎 독립운동가 도산선생은
따로 일기를 쓰진 않았지만
꽃잎이 피어나듯 살았던 하루하루가
독립을 위해 걸었던 걸음걸음이가
철필로 가슴에 새기는 일기였다

어제도 오늘 오늘도 내일인
아무런 생각 없이 시간을 쓰는 사람은
밥 먹고 욕심 채우는 것을 막기 위해
어떻게든 일기를 써 두어야 겠지만
이순신장군처럼 김구선생처럼
뜨거운 충절의 노래 아닐 바에야
살아가는 자체가 애국의 노래인
꽃잎 일기가 제격인 것이다

일기를 쓰자 꽃잎 같은 가슴 일기
물려받은 나라 선열께 감사하고
목숨 바쳐 지킨 나라 순국영웅께 감사
불의에 맞서 싸운 열사들께 감사
나라를 위해 기도하는 의인께 감사
나라사랑 실천하는 모든 이들에게
응원하고 감사하는 꽃잎 일기를 쓰자

빛 나르기

연인아
바소쿠리 가득 빛을 담아
어두운 세상에 뿌리러 가자

우리 등에 짊어진 빛 한 짐은
죄악과 침략과 전쟁에 물든 세상을
선함과 자유와 평화의 물결로 이끌어
다시는 바다건너 도적떼 오지 않고
산 너머 뒤틀린 역사도 바로잡아서
밤낮으로 별빛 무지개 뜨는 나라

연인아
등짝에 진 빛 짐이 너무 무거워
발걸음 떼지 못하고 고꾸라지면
짐승처럼 기어서라도 빛을 나르자

마녀의 검은 커튼으로 가리워졌던 역사
적이 쳐들어오면 대문 활짝 열고
신들린 광녀처럼 앞장서 나라 팔아먹던
벼슬아치와 종교지도자 시인들까지
저 탄색의 양심에 빛을 던져서
삶은 옥양목처럼 하얗게 바래는 변화

연인아
먼 과거에서 미래로 점점 밝게
우리의 등짝 휘도록 빛을 나르자

멈추는 것은 없다

아무것도 멈추는 것은 없다
우리가 멈춰 선다고 생각하는 것일 뿐
바람도 구름도 강물도 흐르고
우리네 삶도 어딘가를 향해 흘러가는데
고여 있는 것도 증발하고 채워지듯이
흙과 바위도 풍화작용 하듯이
아무것도 멈추지 않는다

멈추는 일은 없을 것이다
대한나라 위해 목숨 바친 순국영웅들
지금도 눈시울 붉히며 뒤를 잇는
언제든 나라에 위기가 오면 뛰어들
젊은 피돌기가 우리 심장을 휘도는 한
뜨거운 겨레사랑 멈추지 않을 것이다

나의 시도 멈추지 않을 것이다
내가 멈추면 심장과 영혼도 멈춰서
눈물처럼 서럽고 뜨거운 애국시가
망각의 바다를 표류해선 안 되기에
내가 마지막까지 불태울 불꽃시 같은
나라 위해 목숨 바친 영웅의 추앙은
활시위처럼 팽팽히 당겨 있어야 한다

겨레시인 성재경 여섯 번째 애국시집 영원한 겨레의 스승
도산 안창호

1쇄발행 2021년 10월 12일

지은이 성재경
펴낸이 정수연
펴낸곳 도서출판 여름
등록 제1998년 9월 2일(제2-2626호)
주소 서울 중구 을지로 20길 32-16
전화 02-2278-6990
E-mail design6990@naver.com

ISBN 978-89-92612-46-3 03800

값 12,000원

저자와의 합의하에 인지는 생략합니다.
잘못된 책은 구입하신 서점에서 교환하여 드립니다.